伝わる技術

力を引き出すコミュニケーション

風間八宏

講談社現代新書

2468

はじめに

Ｊ１での戦いに再び戻ってくることができました。とても楽しみで、頭がそこに集中している最近ですが、２０１７年の12月２日と３日というのは、いま振り返っても気持ちが高揚してくる２日間でした。私がずっとチームづくりの基本にしてきた、

「うまいと強いが同じになる」

が、実現した日だからです。

まず２日、私が５年間監督を務めていた川崎フロンターレが、Ｊ１で初優勝しました。私が監督時代にヘッドコーチとして、ともに戦ってきた鬼木達《とおる》監督のもと、選手たちが躍動してタイトルを得た姿を見た瞬間は、本当に嬉しく思いました。

翌３日、名古屋グランパスが昇格プレーオフ決勝で引き分けて、１年でのＪ１復帰を決めました。グランパスは、Ｊ２でしかも３位だったので、17年のフロンターレと並べて「うまいと強いが同じ」と、胸を張れるようなチームではまだありませんが、１年間通して自分たち主導でどう勝つかということにこだわり、選手一人ひとりが「もっとサッカーがうまくなりたい」と願い、技術を追求して日々進化してきました。特にＪ２最高の85得

点という記録を私は嬉しく思っています。

私が監督としてつくり上げるサッカーは、「パスサッカー」と表現されることがあります。私にはそれは少し抽象的だと感じます。言葉にするなら、自分たちが主役であり、ボールを持ってゴールを目指す「攻撃サッカー」です。たくさんのゴールを奪って勝つことができればそれに越したことはないと思います。

相手によって戦い方を変えることもありません。「この味を食べたい」と思ってレストランに来たお客さんに対して、味を変えてしまうとリピーターになってもらえないのと同じです。どんな相手でも同じ味で勝つことがお客さんの喜びや楽しみにもつながると私は考えます。同じ味でも、追求というものにはキリがありません。もっと良い味にしていこうという思いで毎日を過ごしています。

それでも、どうも誤解されやすいようで、こう言われることがあります。

「勝敗よりもきれいにつなぐことにこだわっている」

「うまい選手、技術のある選手中心のチームなので、球際《たまぎわ》の激しさや勝利への執念が見えてこない」

「だから風間監督のサッカーを実現して、勝つためには時間がかかる」

私は、誰よりも負けず嫌いです。「つなぐ」のは、フロンターレもグランパスもそれが一番ゴールに近いと考えたからです。よく半分冗談ではありますが、「身長2メートルの選手を揃えて頭だけでつなぐサッカーをするかも」と言うことがありますが、私のサッカーの目標はゴールを奪って勝つことで、最善の方法をいつも考えています。

そのために激しさが足りない、闘わない選手は、私はまず起用しません。試合前には、「技術で相手を殺せ！」「心にナイフを持て！」「食うか食われるかの戦いを楽しめ！」「相手に殴らせるな、先に殴りに行くぞ！」と言って選手を送り出すこともあります。

ただし、勝つために相手の良さを消したり、8人で守って一発を狙ったり、ただやみくもに前線へ放り込んだり、そういうことはしません。やっている選手が楽しくないし、見ているお客さんにとってもあまり面白くないでしょう。スタジアムへのリピーターにはなりづらいと思います。

そもそも、勝ち続けるためには、それがもっとも確実な方法だとは考えていません。楽しいサッカーで勝つ、面白いサッカーで勝つ、相手の良さも引き出して、それでもゴールを相手よりたくさん奪う。これがサッカーの面白いところだと思います。

それでも、

「それは理想にすぎない。面白いサッカーで勝つのは、バルセロナみたいに本当に強いチームが目指すこと。ブラジルW杯の日本代表は自分たちのサッカーにこだわりすぎて、1次リーグで敗退したじゃないか」

と言う人もいるでしょう。

その発想、「日本サッカーのこれまでの常識」こそ、変えたいと思うのです。

現役時代にドイツでプレーしていた頃、現地の歯医者さんに行ったことがあります。どちらかと言うと日本人は「治療は痛いけど、治るなら我慢しよう」という発想だと思います。でもドイツ人は平気でこう言います。

「痛くなく治してくれよ」

彼らからしてみたら、「治してくれるのは当たり前、どうして痛いのを我慢しなくちゃいけないんだ」という、両方を求めていく発想なのです。

そのとき「そうだよな」と、痛切に思うところがありました。誤解を恐れずに言えば、日本人はどうしても物事を「何かを達成するためには何かを犠牲にする必要がある」などと、別々に考えがちです。サッカーに置き換えても同じではないでしょうか。

試合に勝敗がある以上、勝利を目指すのは当然です。じゃあ勝利のためにはすべてを犠牲にしていいのか。プレーヤーが楽しみ、ファンが楽しめる魅力あるサッカーを追い求めなくていいのか。

私は違うと考えます。「勝つ」と「楽しむ」その両方を追い求めていくのが、サッカーの醍醐味だと思っています。「いいサッカー」と「勝つサッカー」は別物でなくていい。「痛くない」「治す」の〝いいとこどり〟を指導者としての哲学にしているつもりです。

私が監督として率いてきたのは、4つのチームです。桐蔭横浜大学サッカー部（1998～2003年）に始まって、母校の筑波大学蹴球部（08～12年）、Jリーグでは12年4月から就任したJ1の川崎フロンターレを16年まで5シーズン、そして17年1月に始動し、クラブで初めてのJ2を戦い、1年でJ1に復帰した名古屋グランパスです。

桐蔭横浜大は、草サッカーのようなチームから、6年間で関東大学リーグの1部を狙えるくらいに変わりました（その後、当時のコーチにチームを引き継いで、今は1部に定着しています）。筑波大では、低迷していたチームが常に上位争いをするようになり、たくさんの優秀な選手が集まってきました。そのうちの多くがプロ選手になりました。

フロンターレでは5シーズンにわたって指揮を執り、16年シーズンはクラブ歴代最高で、17年初優勝のときと同じ勝ち点「72」を記録しました。チャンピオンシップ準決勝で鹿島アントラーズに敗れ、天皇杯サッカー決勝でも鹿島にリベンジを果たせずにタイトルは獲得できませんでしたが、「面白くて勝てる」チームになったのではないかと自負しています。

フロンターレの選手たちはたくましくなり、チームが凄く成長したと心から嬉しく、誇らしく思っています。

もう一つの目的である「楽しむ」も一定の成果を感じることができました。ホームの等々力《とどろき》陸上競技場では劇的な試合が多く「川崎劇場」とも呼ばれました。監督の立場から言わせてもらえば、もっと楽に勝てるだろうという思いもありましたが。ただ、選手たちが勝利を追求しながら試合を楽しみ、そしてまたファン、サポーターの皆さんも楽しんでくれました。ホームでもアウェーでも観客数は伸びていき、サポーターとの一体感を感じながら試合ができるようになりました。

これはクラブスタッフの頑張りに感謝しなければなりませんが、選手がサッカーを楽しんでいたことの成果でもあると私は考えます。


グランパスの1年目は、残念ながら他チームを圧倒して優勝または2位で自動昇格という結果をもたらすことはできませんでした。とはいえ、16年までのグランパスとは大きくメンバーが替わり、ほとんどゼロからのスタートだったものの、J2最多の85点を取れたということは、自分たちのスタイルで楽しめる時間が多かったからだと思います。

選手たちが楽しくないと、お客さんは楽しくありません。ただ勝つだけでは、お客さんは集まってくれません。それがシーズンの後半戦は、サポーターと「一体感」を感じるどころか、もうサポーターとチームが「一体」であるという思いを感じることができました。昇格プレーオフの決勝は、3万6000人近いグランパスサポーターが集まってくれて、日本でもトップレベルの雰囲気の中で頑張ることができました。

17年シーズン、グランパスの戦いの場はJ2でしたが、観客動員数は前年度、J1での数字を上回りました。これはJリーグ史上、初めてのことだったそうです。

「勝つ」と「楽しむ」の両方を追い求めていくことは容易ではありません。何せ「治療は痛いもの」という考え方を、変えなくてはなりませんから。

変えなければならないのはただ一つ。それは選手たちの「頭の中」です。さらに言えばチームに関わる人間すべての「頭の中」です。

頭の中が変われば、すべてが変わっていきます。

ですが、特にJリーガーともなると、彼らもプロとして今まで自分がやってきたやり方があり、成功体験があるわけです。

その「頭の中」を変えるには、「伝え方」を相当工夫しなければいけません。

本書のメインテーマは、この「伝え方」です。人を変える、成長してもらうための「伝え方」、コミュニケーションの方法です。

私は、現役時代6年間を言葉も考え方も違うドイツで過ごしましたから、コミュニケーションについてはたくさんの経験をしました。現役引退後は、フジテレビの『すぽると！』はじめ、テレビでサッカーを解説する機会にも恵まれましたので、短い時間での伝え方について、自分なりに考えたり、工夫したりすることが多かったのです。

おかげで人とのコミュニケーションについては、いろいろな経験をすることができました。

フロンターレでは、正確に「伝える」ために、あえて「伝えない」ことから始めて、選手やスタッフに考えさせました。

グランパスでも、選手に考えさせる作業は続けましたが、最初からある程度「伝え」ました。

伝える言葉も、より嚙み砕いて伝えるべきか、逆に、あまり嚙み砕かないほうがいいのか、選手たちに一番よく伝わるにはどうすべきかその都度考えています。

ただ間違ってはならないのは、監督である自分が主役ではないということ。主役はあくまで選手であり、クラブであるべきです。

つまり主役ではない私が自分の考え、自分のやりたいサッカーを押しつけるのは本末転倒だと考えます。あくまで選手たちに合った、選手たちの能力を引き出すものであるほうがいい。選手が成長する、その手助けをしていくことがチームの勝利につながり、ひいてはクラブのためになるということです。

選手はうまくなりたい、私はうまくさせたい。お互いに目的がしっかりしているから「伝わる」と思っているのです。

私の指導法は、オリジナルです。もちろん現役時代の監督たちのいい部分から学んでいることもありますが、結局のところ、自分と向き合ったうえで、どうすればいいかを考えてきました。

私は清水市立商業高校時代にワールドユース日本代表として世界と戦い、マラドーナというとんでもない才能を近くで見ることができました。それまでは自分が、サッカーが世界一うまくなると、思っていましたが、マラドーナを見てから、海外に出なければならないと本気で考えるようになりました。

筑波大学に進学してからは日本代表としても、4年間プレーしました。ドイツに渡ってブンデスリーガに挑み、Jリーグの誕生を前にしてマツダ（のちのサンフレッチェ広島）に移籍し、サンフレッチェの主将として2年目にステージ優勝をして、最後はまたドイツに戻りました。現役時代、自分の道を、自分で歩んできました。指導者になってからも自分の思いに従ってきました。

指導者としての喜びは、選手がメキメキと上達して結果を出していくこと。サッカーを楽しんでいること。自分の「伝える」がきっかけになって自力で壁を破ってくれる、そういう場面に出くわすこともあります。

フロンターレでは、13年にヴィッセル神戸から移籍してきた大久保嘉人がまさに自分の殻を打ち破り、3年連続得点王という快挙を成し遂げました。中村憲剛、小林悠、大島僚太、谷口彰悟、車屋紳太郎はじめ多くの選手が、自分と向き合い、自分のレベルを貪欲に上げていき、次々日本代表に呼ばれるようになっていきました。

グランパスでは、私は選手の年齢のことは特に気にしていないのですが、それでも楢崎正剛、佐藤寿人、玉田圭司といった元代表選手が、さらにうまくなったことには驚きました。また、16年まで期待されながら出場機会に恵まれなかった青木亮太、和泉竜司といった若手が、何度も殻を破ったプレーを見せてくれました。

もちろん名前をあげなかった誰もが変わり続けていますので、これからの成長を楽しみにしています。

「個」がそれぞれ強くなれば、当然「組織」は強くなります。それぞれが「自分が責任者」と思っているチームになれば、勝つこと、楽しむことを、彼ら自身がその両方を追いかけていくようになります。強いて言えば、それが根底にある私の指導哲学と言えるでしょうか。

しかし簡単に成し遂げられるものではありません。簡単でないからこそ楽しいと言えます。読者の皆さんも、そう思う経験があるのではないでしょうか。

なぜ難しいのか？　それは良かれと思って伝えたつもりでも、相手に実際には伝わっていないことがよくあるからです。それでは意味がありません。

なぜ伝わらないのか？　それは先に記したように相手の頭の中を変えていく必要があるのにそれができていないからです。

プロの選手たちはサッカーを始めてから成功体験を持っている人の集まりです。ただ、ここで満足してしまっては、次のステップに進めません。一歩を踏み出して自分と向き合い、殻を破ってもらわなければなりません。そのためには自分の頭の中を一度壊していくことが求められます。

痛いのを我慢して治そうと思っている人に、「痛くない治し方もあるんだよ」と問いかけていく。しかしながら本人がそれに気づかないと、変わっていくことはできません。だから私はどんな選手であれ、気づくまでドアをノックします。伝え方に違いはあっても、やり続けるだけです。私のほうからあきらめることは絶対にありません。どの選手もクラブも、変わるチャンスはあると思っています。

私がJ2に降格した名古屋グランパスの監督をやりたいと思ったのは、フロンターレのときもそうでしたが、「変わりたい」という本気がクラブから伝わってきたのがきっかけでした。勝って上を目指し、楽しめるサッカーをやってほしいと、両方を追うチャレンジを私に託してくれました。私も、グランパスは面白そうだと感じました。実際、グランパスでの日々は楽しくてたまりません。

楽しむという言葉の意味を履き違えている人、あるいは「楽しみたい」などと言うと、そんな甘い考え方では勝てない、不謹慎だなどと言う人は今も意外に多いのではないかと思います。

私の持論は違います。

仕事を楽しもうとしている人は、楽しもうとしていない人よりも何倍も努力ができます。努力することを辛いと感じないからです。どんなにきつい練習をやっても、好きなこと、楽しいことは苦にならないはずです。本気で取り組めます。

楽しむ覚悟をすれば楽しくなる、楽しむ覚悟がなければ苦しくなる。楽しくなったら成長できる、苦しくなったら成長が止まる。

試合でも、楽しもうとする選手のほうが、最後まで足が止まらない。それが私も楽しみたいし、選手にも楽しんでほしい理由です。

勝負には勝ちもあれば、負けもあります。スポーツにおいては、特にサッカーという競技では、どんなに前評判が高くても、客観的に見てはるかに実力差があっても、百パーセント勝てるという保証など、ありません。つまり目先の勝敗を指標にして目先の1勝にこだわりすぎると、ブレが生じます。しかし「楽しむ」を指標に置けば、楽しんでいるかどうか自分で向き合うことができます。本気であるかどうかが大事なのです。

どうやって人を動かすか。

どうやって人を成長させる手助けができるか。

どうやって人の頭の中を変えられるか。

私がどのように、選手たちにこれらを伝えてきたか。

そのノウハウを、グランパス、フロンターレでのエピソードも入れながら、この本に書きたいと思います。

サッカーの指導者の方はもちろんですが、他のスポーツでも、さらにビジネスの世界でも、チームや組織での、あるいは1対1でのコミュニケーションについて日々、格闘されている方に少しでも参考になれば、嬉しく思います。

人は頭からすべてのことが発信されます。だからこそ選手の頭も、自分の頭も刺激し続け、変わり続けなければならないのです。

名古屋グランパス監督　風間八宏

目次

序章　二つの大原則

人のせいにするな、物のせいにするな

グランパスでも、フロンターレでも、もちろんその前の筑波大でも桐蔭横浜大でも、監督になって、まず最初に選手に伝えておいたことがあります。それは、「人のせいにするな、物のせいにするな」ということです。

シーズンの始めに、選手たち一人ひとりと面談をすることがあります。一番の目的は、彼らが何をしたいのか、どうなりたいのか、その希望をしっかり聞いておくことです。

選手たちにほぼ共通しているのは、「うまくなりたい」「勝ちたい」ということ。

うまくなるためには、監督やコーチにやらされている間は上達するわけがありません。「自分がやる」状態に、持っていく必要があります。

ただし、人間は弱いものですから、うまく行かないとき、どうしても人のせい、物のせいにしがちです。

試合に出してもらえない、監督やコーチと相性が悪い、他の選手のほうが贔屓《ひいき》されている……。自分がうまくできない、試合で活躍できないのは、環境が悪いからだ、監督のせいだ、他の選手とプレーがかみ合わない……。

自分がある程度頑張っているつもりの選手は、つい、こう考えてしまうものです。

うまくなるために自分自身と向き合っているとすれば、そこに周りは一切関係ありません。人のせい、物のせいにするのはラク、私から言わせれば、人のせい、物のせいにするのは、逃げていることと同じです。

この本で、このあとも繰り返し出てくる「自分と向き合っている」選手というのは、人のせい、物のせいにしない、つまりプロとして逃げていない人間のことです。別にプロスポーツに限った話ではなく、どんな仕事においても、まず、「自分と向き合っている」ことが、人間として、すべての基本だと私は思っています。

人のせいにするな、物のせいにするな。それはラクだが、逃げていることと同じ。

なぜ最初に望みを聞いておくのか

もし明らかに、人のせい、物のせいにして逃げている選手がいたら、「お前はうまくなりたいって言ったよな」とだけ、私は伝えます。それだけで選手たちは立ち戻ることができる。余計な言葉は必要ありません。

まず、望みを聞いておけば、人のせい、物のせいにして逃げようとする選手たちに、ひとこと言うだけで済むのです。選手たちから「証文」を取っておけば、指導もしやすいのです。

選手に対して、人のせいにするな、物のせいにするなと言う以上、もちろんチームを率いる私も、選手が自分の望むように動かないこと、成長しないことを、人のせいにするわけにはいきません。

とにかく全力で監督という仕事に向き合います。

私は監督の仕事の8割は、選手に何をどう伝えるかだと思っています。

どう伝えれば、選手が自ら考え、自ら動くようになるかを考える。

私が何かを伝えた結果、やらされているのではなく、自らやるようになる。そういう状態に選手たちを持っていくのが監督の大きな役割の一つです。

そのため、朝起きてから寝るまで、グラウンドにいるときはもちろん、散歩をしているときも、音楽を聴きながら車を運転しているときも、テレビドラマや映画を観ているときも、食事をしているときも常に頭の隅で、それぞれの選手に何をどう、どんなタイミングで、どんな方法で伝えようか、考えている気がします。

まず、望みを聞いておけば、
人のせい、物のせいにして逃げようとする相手に、
ひとこと言うだけで済む。

人に触れない、仕事を怒る

私が絶対に守るもう一つのこと、それは選手を怒るときの心構えです。

私が、選手を怒るとき、常に心がけているのはただ一つです。

相手の人格、尊厳は否定しない。触れていい、否定してもいいのはプレーだけにする、ということです。

最も注意しなければならないことは「人」に触れちゃダメだということ。

「お前は何だ！」「お前はダメだ！」と言ってしまうと人格や性格に触れ、選手の存在そのものを否定することになる。

そうなれば言われたほうも、自分という人間を否定されたことに、納得がいかなくなるでしょう。そこからは単なる感情のもつれしか生まれません。好きだ嫌いだという感情論になっては、当然、伝わるものも伝わらなくなってしまう。

せっかく自分自身に向かっている選手に、違う方向を向かせてしまったら意味がない。「人」に絶対に触れてはいけないと、私は決めているのです。

そうではなくて、

「お前のプレーは何だ！」

「お前のプレーはダメだ！」

と言えば、指摘された選手は自然とプレーのほうに意識を向ける。「プレー」が入っていれば、感情論でも何でもない。

あくまで選手が自ら望んでいる「うまくなる」という目的のために、気づいたことを指摘しているにすぎないわけです。

「お前はダメだ！」ではなく、「お前の仕事はダメだ！」と言うべきで、仕事の問題として指摘していれば、感情論ではなくなるのです。感情がもつれていては、伝わることも伝わりません。

この二つ。

人のせい、物のせいにさせない代わりに、相手の人格は尊重しながら、プレー（仕事）の問題点はきちんと指摘する。

この点だけは、私が絶対に動かさない大原則です。

相手の人格、尊厳は否定しない。
否定してもいいのは、プレー（仕事）だけ。
仕事の問題として指摘していれば、感情論ではなくなる。
感情がもつれていては、伝わることも伝わらない。

楽しいサッカー

さて、この二つを大原則にして私が選手たちにやってもらいたいのはどんな「サッカー」か。最初に簡単にその点を書いておきます。

私は、自分たちが主体となってボールを持ち、ゴールを奪って勝つサッカーを目指します。見ていて楽しい、そしてやっている選手も楽しいサッカーで勝つことが理想です。そのために日々トレーニングをしています。

ゴールするために何が必要かというと、当たり前ですが、まず、こちらがボールを持っていることです。ボールという武器を持っている間は、点を取る権利は味方にしかありません。ボールさえ持っていれば主導権を握れるのです。

ではボールを持ち続けるには何が必要かというと、まずは個人の技術です。それぞれがボールを奪われなければよいわけです。

ボールを奪われないためには、相手に体を触らせないようにすること。それから相手に狙わせないこと。自分に見えて敵に見えないものを数多くつくっていくことです。

そのためにはパスもある、運ぶ技術もある。ただし徹底的に正確な技術を身につけ、さらに早く判断する習慣をつけることが必要になります。強いものにつぶされる、速いものにスピードで負ける、という概念をなくしていくのです。

監督として初めて選手に向き合ったとき、私はフロンターレではこの発想を伝えるために「伝えない」ことから始めて、グランパスでは「伝える」ことから始めたのです。

1章　伝えるか、伝えないか

予想以上にスピードがある！

クラブ史上初めてJ2を戦うことになったグランパスのメンバーは33人のうち18人が新メンバーとなり、２０１７年1月16日に練習を開始しました。

楢崎正剛、佐藤寿人、玉田圭司ら日本代表経験もある経験豊富な選手のことは私ももちろん知っていましたし、筑波大時代の教え子もいました。前年までＪ１で対戦してプレーを知っている選手も、田口泰士、ロビン・シモビッチ、和泉竜司ほかが名古屋に残っていました。Ｊ１の新潟のキャプテンだったのに、Ｊ２のクラブに来た小林裕紀のような選手もいました。しかし私にとってはほぼ全員が初めて指導する選手です。

練習で選手を観察して驚いたのは、想像以上にうまい選手が何人もいたことです。特にスピードのある選手がたくさんいたので、チームのスタイルがすぐに浮かんできました。

そして、私のことをいろいろと「予習」している選手もいました。

振り返れば、12年4月のフロンターレ監督就任初日のトレーニングでは、私は全員集まったグラウンドであえてウォーミングアップをやらせず、すぐにボールを使った練習を始めました。

ボールを使わないウォーミングアップくらい、個人でできるので自分で考えて練習前に済ませておいてほしいという、プロとしての姿勢を持ってほしかったのが理由の一つ。同時に、練習前に全体でウォーミングアップをやることが当然と思っている選手の「頭の中」を変えたかったのです。全員でウォーミングアップするのはあくまで「以前」の常識。監督が替われば、やり方も変わる。なぜウォーミングアップをやることが当たり前になっているのか。私は選手全員が当然だと思っていることに疑問を呈し、選手の頭の中を刺激したかったのです。

一方、グランパスの選手たちは、私がフロンターレでどうチームをつくってきたのか、ある程度〝予習〟してくれていたのです。

フロンターレの最初の日と同様に、

「人のせい、物のせいにするな」

という話をしましたが、誰もがその意味をわかっているという顔でした。

さらにサッカーの戦術に近い話として、

「ボールを失うな」

と、告げても、選手たちに、この人はいったい何を言っているんだ？　という反応はありません。

フロンターレの始動のときも、最初に最も大きな二つのこととして、同じことを伝えたのですが、そのときは、誰もが不思議そうな顔をしていたものです。

選手が予備知識を持っているということは、自主的に考えて予習をしてくれていたわけですから、もう私の指導を受けるその段階から「頭の中」を変える積極的な意志があるということになります。

「頭の中を変えよう」

という意志があるのは、自分としっかり向き合って、自分で考えている人間です。

そんな選手たちに対しては、「伝える」ほうが「伝わる」と判断しました。

フロンターレの立ち上げ時では言わなかった細かいことまで、最初の段階から選手に落とし込むようにしたのです。

先に例をあげておくと、フロンターレでは最初に言わなかった守備のことも話したのです。

グランパスでは、守備に回る際、ボールを取りに行く強さ、切り替えの速さは元々持っている選手もおり、スピードがあるので、その特長までわざわざ壊す必要はないと感じました。走力を殺す必要もない。攻守で前に行く。

もちろん攻守で前にスピードを上げていく分、ボールを失った際に逆襲からゴールを奪われるリスクも高まります。サッカーではボールを失うこと、奪えないことは多々あるのですが「ゆっくりしろ」とは言わず、そのリスクの話などまで伝えました。

フロンターレのときは、「ボールを失うな」とは言いましたが、守備のことは一言も伝えませんでした。まるで別のアプローチでした。


「頭の中を変えよう」という意志があるのは、自分としっかり向き合って、自分で考えている人間だけ。

チームの空気を変える

ただ新しいグランパスには、プレーの中身以外で、足りないものがたくさんありました。自分に向き合おうという姿勢のある選手は多かったものの、チーム全体として、闘う空気がほとんど感じられませんでした。

トレーニングに入るときに、最善の準備をして自分の全力を尽くそうとする選手と、本当にここが戦いの場だということを理解していない選手の差がかなり大きかったのです。

グラウンドは、「真剣勝負」の場だという空気をつくっていくために、基本的な練習中の態度から確認する必要がありました。

昇格を決めた試合後の会見やTV出演で、「正直去年（16年シーズンのこと）の空気を引きずっていた。それをどう新しいものに変えていくか、ずっと考え続けて、最初は経験ないくらい細かいことから始めた」と発言しましたが、プロとしてかなり基本的な部分ができていなかったのです。

いくら速い選手、うまい選手がいても、まず環境を整えないことには、「自分と向き合ってうまくなろうとしている」選手が、ゆるい空気、環境に引っ張られてしまう、と感じたのです。

最初に書いた、人のせい、物のせいにしやすい環境だったのです。

コーチも状態がよくない選手を見て指導する傾向にあったので、「見なくていい」と伝えて、何か文句を言いに来た選手には、「やってないからだ！」と話しました。

自分で考えさせる時間が足りない！

本来、練習の雰囲気などの細かいことは本人が気づくまで「伝えないで放っておく」のが、最終的にはよく伝わると思います。

それでも、全体の成長スピードを下げかねないので、最初に細かいことだけはしっかり伝えることにしたのです。

トレーニングが自分でできない人間、自主トレを全然やらない選手は、どんなチームにもいましたが、今までは放っておけばよかったのです。

ところが就任当初のグランパスでは、チーム内に競争が足りない。それ以前に自分たちが何者なのか、うまくなるために何をすればよいのか、特に若手はわからない状況だったと思います。

だからコーチたち、さらにはクラブの人間も含めて、「新しい空気に入れ替える。そのためには指導者が選手に伝えることを一致させて手分けしてやらないといけない」と、かなり密に話し合いました。

そのうえで「あの選手はあれが足りない、この選手のここをもっと伸ばそう」という指示は事細かく言っておき、選手一人ひとりに、試合などの映像を見せて、一人ずつ必要なことを、コーチに伝えてもらうこともありました。

全体のミーティングで説明して、それでも気づかない、足りない選手には、自分で考えるまで待っておこう、と突き放すやり方では、遅いことがわかりました。

そこで、少しずつではあるものの、うまくなるために必要なことをコーチとともに伝えていったのです。

「J1復帰」を一度も口にしなかった理由

グランパスでは、予習ができていたので最初からいろいろ伝えたと先ほど書きました。一方で、選手に「伝えない」ことで「伝えようとした」、最も象徴的なことは、「1年でJ1に復帰しよう」と、一度も言わなかったことだと思います。

もちろん選手たちは、「J1復帰」を一番の目標として口にしました。サポーターも「J1復帰」目指して応援してくださるし、マスコミの皆さんも、当然「J1復帰に手応えはありますか？　課題はなんですか？」といった質問を私にしました。

それでも私は、「J1復帰にはこれが必要」「自動昇格圏を目指す」などと一度も言いませんでしたし、「お前らJ1復帰にはこの試合絶対勝てよ」などと、試合前に声を張り上げることはありませんでした。これらの質問には、「前の試合より進歩すること」「選手が自信を持ってプレーすればいい」と答え続けました。

理由はいくつかありますが、なによりも我々グランパスの究極の目標は、あくまで「自らが主体となるサッカーをして点を取って勝ち続けてサポーターを楽しませること」です。「目標はJ1昇格」ではなく、最終目標のためにチームをつくっているのであれば、J1昇格を伝える必要はないし、選手は伝えなくてもわかっているのです。

もちろん、昇格できるかどうかがかかる試合で、余計なプレッシャーをかける必要もないのです。

「Ｊ２を戦うのは大変だよ」

監督就任直後から、私にそう言ってくれる人は少なくありませんでした。忠告してもらえるのは大変ありがたいですし、降格してＪ２を初めて経験する選手もきっと同じようなことを言われてきたに違いありません。

しかしながら、そんな見えないものを最初から怖がる必要はまったくないと思っていました。見えないものを恐れたところで、やるべきことは変わらないのです。

それに私自身５年間、Ｊ１で戦ってきたという事実が一つ。そして、現役時代に私もドイツでは２部、３部、マツダではＪＳＬ２部で戦ってきた経験があり、１部と２部の違いというのはわかっていました。１部を勝ち抜くほうが難しいのであれば、何も怖がることはありません。

「相手は勝ち点１でもいいと、守って引き分け狙いのところも出てくる」

とも言われましたが、川崎フロンターレ時代も十分Ｊ１のチームに守られてきました。目に見えないものを意識して、プレッシャーばかり感じて戦えば自分を見失うことにもなりかねない。一人ひとりが自分を見失ってしまえば、チームも見失いかねません。Ｊ１だろうが、Ｊ２だろうがやることは変わりません。

試合は勝負だから勝てないことも当然あります。結果に左右されては、本当の強さを手に入れることはできません。負けても次につながる試合をして、常に自分と向き合うことが肝要なのです。

目に見えない敵を意識しない。途中で休みのない42試合の連戦という日程を活かして、試合をしながら一人ひとりがうまくなる、前の試合より進化することだけを選手に考えさせればいい。J1昇格への一番大きなポイントはそこだと思って戦っていました。

選手がうまくなっていくことを楽しみ、自分の利益とチームの利益を一致させていく。楽しくやっていれば、ファン、サポーターにも伝わってスタジアムにもっと人が集まってくる。J2だからお客さんが来なくなると考える人がいたら、それこそが目に見えない敵を意識してしまっていることになります。

実際に昨季のJ2で感じたのは、引いて守ろうとするのではなく、向かってくるチームが多かったことです。自分たちのサッカーを貫こうとする個性ある監督が多かったせいもあって、前で戦ってくるチームが多くて、それに耐えきれなくて落とした試合が目立ちました。グランパスの選手たちに、まだ自分の技術に自信が持てない選手が多かったため、前からプレッシャーをかけて戦われると、どうしても逃げてミスが出てしまい、そこが苦労した原因だったと思います。

昇格プレーオフ

17年シーズン、グランパスは23勝6分け13敗と、自動昇格に勝ち点で5点及ばないJ2第3位でシーズンを終わりました。その結果6位までの4チームでトーナメント形式で争う「昇格プレーオフ」に臨むことになりました。

（※編集部注：ここで優勝しなければ、18年もJ2残留。プレーオフ初戦の相手は、ジェフユナイテッド千葉で、リーグ戦は2連敗、1点も取れず5失点しており、その2敗目はプレーオフのわずか2週間前、0対3で敗れたもの。シーズン終盤連勝を続けて6位に滑り込んだジェフに勢いがあり、ディフェンスラインを高くして、前からプレッシャーをかけてくるジェフの戦術がグランパスと相性がいい——と、グランパスの昇格を危ぶむ報道も目立った）

プレーオフ準決勝のジェフユナイテッド千葉戦は4対2と逆転勝ちして、さらに決勝のアビスパ福岡戦も、無失点で引き分けて昇格にこぎつけました。

プレーオフの2試合では、システムをシーズン終盤の基本だった4－4－2から3－4－3に変えたことがクローズアップされて、「現実的な采配に徹した」「攻撃的なサッカーという理想を追わずに、プレーオフ仕様で勝てるシステムを選んだ」という報道が目立ちました。

「対策をして勝ちに行った」と思われてもよいのですが、実は捉え方がかなり違います。選手たちに伝えたのは、相手対策やプレーオフの戦い方などではありませんでした。

プレーオフ前でも一番大切なものは、1年間取り組み続けてきた、ゴールを奪うこと。そしてゴールを奪うとは、最終ラインを突破するということです。

システムを変えることで、両サイドのスペース、中央へのロングボールに対応するという側面はありますが、それが目的ではありません。自分たちのリズムで攻め続けて、最終ラインを突破する回数を増やすことを一番に考えていました。

そもそもシステム変更に関して言えば、シーズンを通して常にやっていることでした。試合の最中にも一部、あるいは全体のシステムを変更することはよくあります。システムを変えることは、選手にとって実は大きなことではありません。

ではプレーオフ前に何を変えたかと言えば、どこをどう突破するか、どうチャンスをつくるかという視点です。要するに、ボールを動かすことばかりになってしまった過去のジェフ戦の二つの敗戦から、どうゴールを決めるか、どこが攻めるための一番のポイントか、ということをはっきりトレーニングで整理して試合に臨んでいたのです。

ただし、それは常に選手たちの判断の中でやること。シーズンを通してずっとやり続けてきたことですが、前の2試合は、その判断ができていなかった。それをもう一度明確にしたただけでした。

プレーオフのジェフ戦、青木亮太が右から切れ込んで、センターバックに仕掛け、シモビッチのゴールをアシストした3点目などは、まさにシステムもジェフ対策も関係ない、1年間やっていたことができたゴールなのです。

プレーオフの2試合というのは、その積み重ねが自信となって選手に表れたゲームだったと思います。

選手に伝えなかったシステム変更

先ほど書いたような、システム変更をしたらどうなる、という話は、選手には一言も伝えていません。そもそも私は、ふだんから選手にシステムの話はしません。これは私がわかっていればよいことで、選手たちはそんなパズルを理解する必要はないと思っています。もし選手にシステムの利点などを伝えていたら、どこか安心して常に攻撃する姿勢が薄れてしまったり、相手に合わせる意識が先行してしまったりする可能性があるからです。

一人ひとりに、「これをやろう!」と伝えて、選手がそれぞれ自分に集中できればいい。その結果として、チームがうまくいけばいいのです。

プレーオフのジェフ戦後、会見で「4バックから3バックにシステムを変えた理由は何か」という質問がありました。

冗談めかして、「言わなきゃダメですか？」と、まず言ったのですが、これは本音で、もちろん決勝戦も同じような狙いがあったからです。

「押し込んでサッカーをしたいのと、両サイドと真ん中を埋めることで、ある程度のパターンがあるので、そこはしっかり抑えられるかなと」

ある程度は、会見で説明してしまいましたが、これはプレーオフ前の練習とジェフ戦を見て、少し伝えても大丈夫そうだと判断したからでした。

グランパスの1年間、その前のフロンターレもそうですが、自分たち次第で決まる、自分たちがボールを持ってしっかり攻めれば勝てる、と伝え続けてきました。

自分たちが練習から普通にいつもやってきたことをやれば勝てる、というときに、プレーオフだからこうだと、伝えて曲げてはいけないのです。

監督生活の中で、選手たちに、何をどう伝えるのか、伝えないのか、そこだけは常に気を遣ってきたつもりです。

伝えるほうが伝わるとき、伝えないほうが伝わるとき

昇格プレーオフを例に出しましたが、相手に何かを伝えるときに、「伝える」ほうが伝

わるときと、「伝えない」ほうが伝わるときがあります。

自分としっかり向き合っていない相手には、あまり「伝えない」ほうが伝わります。まずは自分で考えさせないといけないのです。

相手が自分自身を見つめていれば、「伝えても」伝わるのです。

何か、禅問答のようですが、私は、相手に何かを伝えるときに、相手の「頭の中」を変えようとするときに、この点を判断基準にして、考えています。

グランパスで試合に出ている選手に、ふだん「自分にしっかり向き合えていない」選手はほとんどいなくなりました。

ですが緊迫した舞台を前に、システムのことや相手のことを細かく伝えていたら、逆に相手のことに意識がいってしまい、最終ラインを突破する、ゴールを奪う、ということに集中できなかったかもしれません。

プレーオフ前に伝えたのは「いつも通り攻め続けよう、楽しもう」ということ。1年間自分に向き合ってトレーニングを積んできた選手たちに伝える言葉は、それで十分だったと思います。

次章では少し前の話になりますが、フロンターレのスタート直後の話を例に、もっと詳しく「伝わる技術」を説明してみましょう。

フロンターレでは選手たちの「頭の中」を変えるためにあえて「伝えないこと」からチームづくりを始めました。

自分としっかり向き合っていない相手には、
あまり「伝えない」ほうが伝わる。
自分自身を見つめているなら、伝えても「伝わる」。

2章　「伝えない」から伝わる

フロンターレ初日に「サッカー選手やめちゃえよ」

私が川崎フロンターレの監督に就任したのは2012年4月23日のことでした。筑波大学蹴球部の監督を務めていた私にとって、すでに3月に開幕していたその年のJリーグがどうなっているかは、さほど大きな関心事ではありませんでした。

ところが突然、フロンターレから連絡をもらい、

「このクラブを強くしてもらいたい。魅力ある攻撃サッカーをやってもらいたい」

と、監督のオファーを受けたのです。

08年に筑波大蹴球部の監督に就任して5年目を迎え、関東大学サッカーリーグ戦1部のシーズンも始まっていました。「勝つ」ことと「楽しむ」ことを求めるチームになってきた手応えを持ちシーズンを楽しみにしていましたが、私自身もどこかで新しい刺激を求めていたのかもしれません。

「チームを変えたい」というフロンターレからのオファーに本気を感じたからこそ、申し出を引き受けることにしたのです。大学の理解も得られたので、私も全力でフロンターレを変える覚悟を決めました。

就任翌日の練習から4日後に、アウェーのJ1第8節サンフレッチェ広島戦を控えていましたが、勝つか負けるかなどは気にしていませんでした。

選手の「頭の中」を変え始めるために、就任初日のトレーニングで選手たちにウォーミングアップをやらせなかったのですが、その代わりに、いきなり徹底的にインサイドキックを蹴らせました。選手から「内転筋が痛い」と告げられたトレーナーが「補強運動をやっていいでしょうか？」と相談に来たので「サイドキックで痛いというならサッカー選手やめちゃえよ」とだけ返事して、補強運動をやらせませんでした。

彼らの「頭の中」をゼロから変えていくためには、言葉で説明すること、伝えることが逆効果になると考えて、私は「伝えないこと」から始めようとしたのです。

仮に、「練習前にそれぞれウォーミングアップをしておくように」などと言ったら、どうだったでしょうか。

安易に伝えすぎてしまうと、自分で考えることもなく、変えられる「頭の中」も変わらなくなってしまう。

私の戦いは、まさにここから始まりました。

安易に伝えすぎてしまうと、自分で考えなくなり、変えられる「頭の中」も変わらなくなってしまう。

インサイドキックは基本中の基本

そして、もう一つ。なぜインサイドキックを蹴らせたのか。

インサイドキックというのは、試合で最も使うキックであり、一番確実なキックです。サッカーを始めた人間が最初に教わることの多い、基本中の基本です。これができなければ、正直どうしようもない。だからこそ最初にやらせてみたのです。

フジテレビの『すぽると！』を中心に、フロンターレ監督就任直前まで、テレビであれこれ解説していた私は、選手たちからは経験豊富な監督に見えていたかもしれません。ですが、私も当時、Jリーグでは新人監督です。プロの選手を指導するのは初めてでしたが、これでプロのインサイドキックなのかと、さすがに驚きました。

「インサイドで強いボールを蹴ってみろ」と言ったら、プロの選手であっても正確で強いボールを蹴れる選手はほとんどいませんでした。

技術的な話なのであまり詳しくは触れませんが、基本的なポイントもわかっていない選手が多かったので、私がインサイドでの強いボールの蹴り方を実際に見せました。

私の言う強い、良いインサイドキックというのは最初に回転せず、目標まであとちょっとのところで縦回転するボールです。私の場合は一番固いかかとのインサイド側にボールを当てて、芯を捉えるような蹴り方をします。足を強く振るのではなく、ボールの芯を強く捉えることを意識したほうが質のいいボールが蹴れます。これを見せておいて、言ったのは一言だけでした。

「お前らも自分のポイントを見つけろ」

初めから回転してしまっているボールは、私から言わせれば「死んだボール」。試合では使えません。生きたボールを蹴るためにどのポイントで蹴ればいいかは自分で見つけていくしかない。

最初からインサイドで生きたボールを蹴れていたのは、日本代表候補合宿を終えて少し遅れて合流した中村憲剛くらいだったように記憶しています。

足と話ができる選手に

サッカーが昔から大変盛んだった静岡県の清水市（当時）で生まれ育った私は、小学生の頃から毎日の練習の前にインサイドキック、インステップキックなどをいつも1時間ほど蹴らされてきました。その中で、どうすれば疲れないか、どうすれば効率よく蹴ることができるか、終始考えながらボールを蹴り続けていたことを覚えています。午後7時に全体練習が終わったあとも、一人で家の近くの神社に行って2時間ぐらいずっとボールを蹴っていました。

私は足も大して速くないし、体も決して大きくない。それで、他の子たちに負けないためにどうすればいいか、ずっと考えながらボールを蹴っていたのです。

今の選手たちは私に比べて、サッカー人生の中でボールをあまり蹴り込んでいないと思うので、キックの基本が物足りなくても致し方ないかなあと思うこともあります。昔と今では、指導法や環境の違いもあるでしょう。

今の時代はグラウンド使用時間の制限もあるし、ボールを使っちゃいけない公園なども多い。しかし自分の経験上、蹴り込みは大事だと感じています。

長年、基本を大事にしてやっていくと、自分の足と話をする感覚になっていきます。いつもやれているキックがずれたりすれば、自分の足と話をして微調整できます。この感覚を覚えてもらいたいのです。インサイドキックを徹底的にやらせたというのは、基本を大切にして自分の足と話のできる選手になってほしいという、私の所信表明のようなものであったのかもしれません。

ただし、こういったことまでは、簡単に選手に説明しないほうがいいのです。

プロになってからでも遅くはありません。基本のキックの練習、さらにトラップの練習は、やればやるほど必ずうまくなります。しかも、自分で考えながら、やるというのは、自分と向き合うことに他なりません。

だからこそ、「お前らも自分のポイントを見つけろ」であり、「足と話をしろ」なのです。繰り返します。

伝えすぎると、自分で考えなくなり、自分で考えさせないと、結局、伝わらないのです。この考え方は折に触れてこの後も出てきます。

自分で考えさせないと、結局、伝わらない。

伝えたのは「ボールを取られるな」

「人のせい、物のせいにするな」ということの他に、最初に選手、そしてコーチングスタッフに伝えた二つ目の言葉が、

「ボールを取られるな」

でした。

ただし、なぜボールを取られちゃいけないのか。具体的に説明することは、ほとんどしませんでした。

ボールを取られるな、イコール、ボールは取られちゃいけないものだ、という強いこだ

わりを持て、ということです。

ピッチを戦場と考えるならば、ボールというのはゴールを奪うための大事な「武器」ということになります。武器を持ってさえいれば、敵にゴールをされることはありません。ボールを失ったとたん、ゴールを奪われる危険が発生するのです。サッカーをやっていれば子供でもわかる道理ですから、ボールを失ってはいけないというのは、本来サッカーを戦ううえでの基本中の基本、常識中の常識のはずです。

さらに言えば、プロのサッカー選手にとって、ボールというのは、大事なおカネでもあるということです。「ボールを取られるな」というのは、「自分のおカネを取られるな！」ということです。

ところが、フロンターレの選手もコーチングスタッフもキョトンとしました。

「ボールを取られるな」

という指示はそんなに不思議なことなのでしょうか？　現在は、小さい頃から、守備のフォーメーションはこうだ、システムはこうだ、ボールの奪いどころはここだ！　とチームとしての戦術をあれこれ指示されすぎて育ってきている選手たちが多いのかもしれません。一番のサッカーの基本、戦場での本当の常識が、おろそかになっているのではないでしょうか。

ボールを取られるな、イコール、自分を取られるなということです。武器を持っていれば、相手を怖がる必要もない。この大前提を、意識の奥底に植えつけていく。これが、「ボールを取られるな、失うな」とだけ、私が伝えた狙いです。

その後の練習でも、言ったことは同じ。

「ボールは取られるもんじゃないんだぞ」

「ボールを持っているのに、どうして逃げるんだ」

「味方がボールを持っているなら、どんどんその武器をもらいに顔を出せ！」

こう、伝えるだけ。それ以上は付け加えませんでした。

選手たちは当然、何で新しい監督は同じことばかり言うんだろうと考えます。そして、この練習はどんな意味があるんだろうと、先にあるものを見たがり、知りたがります。しかし目の前にある「ボールを取られない」を徹底的にやらなければ、その先などありません。練習の意図を具体的には伝えず、逆にそれ以上伝えないことで、とにかく選手一人ひとりの意識に叩き込む必要があったのです。

これはおそらく、日本のほとんどのチームに必要なことであり、グランパスでも、「ボールを失うな！」というのは、予習の成果で驚かれこそしなかったものの、意識に叩き込むには時間がかなりかかりました。

すべては選手たちの「頭の中」を変えていくためなのです。

「ボールを奪われない」ためにどうすべきか、頭を働かせて自分で考えようとする。これを安易に意図など伝えてしまうと、勝手にわかったつもりになる選手が出てくる。原則のみ伝えることが、最大限の効果を期待できるものです。

伝えたいことを最初からすべて垂れ流すように言うだけではたしてどれくらい伝わるものでしょうか。

指導者が、自己満足で伝えたつもりになっているだけでは、結局何も伝わらない。ですから、私は「伝える」ために「伝えない」から始めたのです。

> 伝えたいことを垂れ流すだけで伝わるのか。
> 指導者が、自己満足で伝えたつもりになっているだけでは、
> 結局何も伝わらない。

逃げるな隠れるな

初戦のサンフレッチェ広島戦までわずか4日しかなかったのですが、私がその間の練習

で伝えたのは結局「ボールを取られるな」ということのみでした。相手、広島の分析ビデオを見せることもしない、対策を講ずることもしません。

向かわなければならないのは広島という相手ではなく、まずは自分たち。試合までにやったのはほとんど「ボールを取られるな」の練習だけでした。

たとえば5対2。サッカーでは最も基本的な練習の一つで、試合でも同じような局面がいくらでもあります。円をつくり、ボールを持つ円の外にいる「5」人がボールを持たない円の中にいる「2」人に対して、ボールを持ち続ければいい。

ボールを持っている側が3人も多いのですから、必ず2人はフリーでボールを受けられる選手がいるはず。圧倒的に有利な状況なのに、相手にボールを渡してしまう。取られるなと言っているにもかかわらず、取られてしまう。

ボールは武器、ボールを持っていれば、その選手そのものも武器になります。武器を持っているほうが強いはずなのに、武器を持っている側の「5」人のうち、何人かがボールから逃げる現象が出てきてしまう。パスコースに顔を出さない、隠れてしまう。敵とボールと自分の関係がわからなかったのでしょう。

そうすると5対2のはずが、いつの間にか3対2になってしまう。これでは「プラス3」の優位が保てないのです。練習でこうでは試合ではもっと逃げてしまうでしょう。

それで私はトレーニングからパスコースに顔を出して常に「プラス3」の優位を保っていくことを求めました。これが7対3になれば「プラス4」の優位を保たせる。ここにインサイドキック中心の蹴ること、ボールをきちんと止めること、そして人を外すこと、が揃えば、武器が増える。ボールを取られなければ、常に優位に試合を進められるのです。

グランパスの監督になってから、ハーフタイムの指示や、試合後の会見で、私はいつも同じことを繰り返し言っています。

「もっと自分を信じてトライしてほしい」

ミスを恐れて逃げてしまう選手がいるのです。

逃げたパス、逃げたトラップで、ミスしたときほど失点につながるのです。

とにかく、フロンターレで最初に求めたのは、「ボール回し」で隠れない、逃げないこと。隠れたら、練習を止めて、その場で、「顔を出せ」と言い、顔を出してボールをミスしても手を叩いて褒める。そればかりを繰り返していた覚えがあります。

失敗しても構わない雰囲気を練習からつくったのです。

もちろん最初は、言葉ではあまり「失敗を恐れるな」とは伝えません。

これも伝えないほうが伝わると感じたからです。

サンフレッチェ戦までの4日間でやったのは、ほとんどがこのボール回しでした。

逃げたパス、逃げたトラップほど失点につながる。失敗しても構わない雰囲気を練習からつくったほうがいい。

サイド攻撃がいいという常識を壊す

もう一つだけやったのが、「ゴール前での崩し」の練習です。といっても、よくあるサイドから崩すパターンを繰り返したりしたわけではありません。サイドから崩そう、というのは日本サッカーの大常識で、選手の頭にもきっと染み付いていています。まずその頭の中を変えたかった。

ゴールの中央で、ボールを持っている選手と、もう一人で、中央のディフェンダーを崩す練習を繰り返したのです。

ペナルティエリアの三辺のライン、つまり右サイド、左サイド、そして中央のラインのうち、最も長いのが中央です。もしその中央にいる相手センターバックの一人を崩すことができれば、ゴールのチャンスははるかに広がります。グランパスのプレーオフのところにも少し書いたように、最終ライン、特にセンターバックを狙え、というのは私の攻撃の基本です。フロンターレの最初も、ここを徹底するところからスタートしたのです。サイドの一人を崩すより中央の一人を崩してしまったほうが、全部を崩すこと、すなわちゴールにつながります。

もちろん、サイドからの崩しを無意味とは思ってもいませんが、発想を変えてもらうために、パスの出し手と受け手の呼吸でゴール前、中央にいる一人を攻略すればいいのではないか、と選手に問いを投げたのです。中央でシュートを打つチャンスを得ることができる。そこにいる一人を崩すことができれば、ゴールにもグッと近づく。

最初の試合まで守備の練習はゼロでした。「ボールを取られるな」とだけ伝えているのですから、ボールを取られた後を想定する必要はありません。守備については話すらしていません。何も伝えていないのです。

あまりに極端なやり方だと選手には映ったかもしれませんが、すべては「頭の中」を変えるため。目先の1勝よりも、勝ち続けていくために、彼らに「伝えたい」ことを感じてほしかったのです。

「頭の中」を変えるためには極端なやり方がいい。

17本のパスがつながった1点

私の初陣となったサンフレッチェとの一戦は1対4で敗れました。

正直もっとやられるかもしれないと予想しつつ、勝ち負けは関係ないと思っていました。

ボランチとしてワールドカップに出場しているベテランの稲本潤一をセンターバックに起用したのですが、センターバックで使われたことは、プロキャリアの中で初めてだったようです。

彼をセンターバックに起用したことにも、もちろんメッセージを込めています。

センターバックも守るためのポジションではない、ディフェンダーも点を取るためにボールを持って攻撃の起点になるポジションなんだ、と選手起用で伝えたかったのです。

ボール扱いがうまく、いろいろと経験を積んでいる稲本だからこそ、急な初めてのポジションでも対応できると踏んだのですが、その通りでした。彼を後ろに置くことで選手たちが「ああ本当に、ボールを持って攻撃しろということだな」と、試合の中で腹をくくってくれたと思います。

4点取られたことはまったく問題ありません。やがて5点取れるようになればいいだけですから。

最初の試合では、一時、同点に追いついた1点に非常に価値がありました。

その1点は、私からすれば希望に満ちあふれたゴールだったのです。

つながったパスは17本。パスの本数を競うわけではありませんが、ボールを失うことなくほぼ全員でパスをつなぎ切って、右サイドバックの伊藤宏樹が中村憲剛にボールを預けた後、ゴール中央まで走り込んで中村憲剛からのスルーパスを受けてゴールを挙げたのです。ボールという武器を持ち続け、ボールを持っていない選手が何人もパスコースに顔を出しながら前に向かって挙げたゴールでした。

就任以来の4日間の「あえて多くを伝えない」トレーニングが凝縮して結果に表れたものでした。伊藤宏樹の1点は、次の4点、5点につながる意味合いを持っていたのです。

試合が終わってから選手たちには、

「これまでパスがこれだけつながって、ゴールしたことがあったか？」

と、聞きました。そこで選手たちは自分たちがやってきたことの意味に気づいたようでした。練習で取り組んだことを出せたのだ、と。一つだけ伝え続けていた「ボールを取られるな」を肌感覚として知ったのです。

いくら言葉でいろいろ伝えていても、わかった気になるだけですが、たった一つだけ伝えたことを実際に見たり経験したりすると、「頭の中」を変える足掛かりができるのです。

実際に見たり経験したりすると、「頭の中」を変える足掛かりができる。

「止める、蹴る」にこだわって自分と向き合う

さて、この辺で「伝えない」ことで、何を最初に「伝える」必要があったのか、についてあらためて書いておきましょう。自分たちが主体となるサッカーで勝ち続けていくために、何を私が伝えたかったのか。これはフロンターレではもちろんそうでしたし、グランパスでも伝え続けてきたことです。

言葉では、「ボールを失うな」とだけしか伝えず、考えさせることから始めたのですが、言葉では伝えなくても、練習を通じて何をやったらうまくなっていくかを伝え続けました。

たとえば先ほど書いた5対2ですが、練習のたびに5対3になり、また6対4に変化させていく。攻めと守りの人数を変えてももちろん原理は一緒です。

パスをもらったらトラップで「止めて」、パスコースに顔を出す味方に向かって「蹴る」。そして今度は自分がパスコースに顔を出すことで、ボールを「受ける」。

基本は常に、ボールを「止める」「蹴る」。そして「受ける」ことです。

パスをもらってから、パスを出す際のボールタッチ数をツータッチまでに縛ったり、ワンタッチ、つまり「止めずにパスを出す」という制限をつけますが、最終的には縛りを外して自分たちで判断させていく。

指導者として最も考えるのは、どんな練習をするかですが、私の原則はシンプルです。それは、昨日よりも今日のほうが進んでいること。毎日がその繰り返しであり、そうやって一歩ずつ積み上げていくと、選手たちもちょっとずつうまくなっていることを実感するようになります。

選手たちの「頭の中」は、自然に「監督は一体、何をやろうとしているのか」という外向きの頭から、「もっとうまくなってやろう」と内向きに変わってくるのです。

「止める、蹴る」は基本中の基本ですが、こだわればこだわるほど難しい。うまくなればうまくなるほど、それが肌感覚としてわかってくるのです。

仮に、手でボールを扱う競技なら、「ボールを失うな」「ボールは武器だ」というのは、常識的なことだと思います。簡単に言えば、手ではボールは握れますが、足では握れない。もし足で手と同じようにボールを握れたら、ボールを取られることはないのです。

では、足でもボールを握った状況と同じ状況にできないだろうか、というと、近づけることはできると思います。ボールを止めるとき、相手が取れない場所で、かつ自分が何でもできる場所にボールを置けば、ボールを手で握ったときと近い状態になるのです。ボールの置き場所ひとつで相手に取られないし、相手を操作できる。自分の好きな時間、好きな方向、好きな球種でボールを扱うことができます。

もちろん、手でつかめない以上、リオネル・メッシだって百パーセント成功するわけではありません。でもうまくなればなるほど、「止める、蹴る」が、まだ足りなくなって、もっと精度を高めてやろうとするようになります。野球で言えばキャッチボールにあたる基本的な技術なのですが、手で止めて握るのではなく、足で、手で握っているかのように止めて蹴るのですから、止めながら相手の位置やどちらに重心がかかっているかなども観察しながら、瞬時にボールの置き場所を決めるというのは、より頭を使ってやらなければいけません。

止める、蹴るを正確にやろうとすればするほど、自分の中での基準がどんどんはっきり厳しくなってきます。

不正確なときは、トラップしたあとの自分の前のボールの置き場所が10センチくらいズレていても、気づきません。けれども、練習を重ね正確にやれるようになってくると、10センチの「ズレ」に気づくようになります。私は現役時代、ボールを止めて置いた位置が、1センチ違うだけで、不快になったものです。

1センチが不快になってくると、何がダメなのか、なぜ今日はダメなのか、感覚的には、自分の足と話し合うようになります。

これが、技術的に「自分と向き合う」ことなのです。こうなってくれば、技術が成長の入り口に立ったと言えるのです。

私の練習は、選手たちにどうやってこれを伝えるのか、考えさせるのか、手を替え品を替え、毎日工夫して進化させているのです。

私の練習は、必ず相手をつけて行います。たとえばサイドから攻略する攻撃を守備をつけずに繰り返し行うような練習はありません。

「止める、蹴る」がうまくなるというのは相手がいたうえでの話であり、相手のいない練習でいくらうまそうに見えても、相手の動きに応じた判断の良さも含めて上達しなければ試合では出せません。

何のための技術であるかを、個々が認識したうえで使いこなしていかなければ意味がないのです。相手をつけて試合を想定しながら練習をすることで、自分の中で見えてくるものがあるのです。

それぞれの選手に、どの技術をどう伸ばしていくかを考えさせるのです。自分と向き合うというとき、「考える」が入ってこなければ意味がない。

技術はこだわればこだわるほど難しい。こだわってうまくなるのがサッカーの楽しさだと言えるでしょう。そしてどこまでこだわれるかも、その人の「技術」のうちだと私は解釈しているのです。

「自分で考えること」がなければ、意味がない。

小学生にトラップを教えるなら？

さて、肝心の止める技術の磨き方、伝え方についても、少し書いておきましょう。

私は小学生にトラップを教えるとき、こんな言い方をします。

「音がしないように止めてみな」

こう言うと、子供たちはゲーム感覚で、ボールを止める練習をやり始めます。

トラップのときの音を小さくするには、ボールと足が触れる面積を減らしていく、つまり面ではなく、点でボールを止めるようにしていけばいいのです。ただし、どうやっても音を消すことはできません。

でも、点で止めるようにしていくと、足が届く範囲が広がりますし、ボールがどこにあってもその点でボールに触れれば止められるようになっていくのです。音を立てないように毎日楽しみながら継続してやっていけば、間違いなくうまくなります。

小さい音で止められるようになったら、次は少し動きを入れて、止めさせてみます。これは実はプロの選手にも十分効果のある練習で、これも言葉で伝えるのではなく実際に点で捉えるトラップを見せると、ほとんどの選手が驚き、うまくなる余地がまだまだあることに気がつくのです。

自分に向き合い始めた選手であれば、このトラップを自分のものにして、どう試合で活かしていくかを考えるようになります。自分の動きに幅が生まれると、相手を攻略する幅自体が広がっていきます。一歩ずつレベルアップさせる練習メニューを取り入れ、継続と刺激によって、技術はどんどん高まっていく。こだわればこだわるほど、自分に向き合い始めていくのです。

> 継続と刺激によって、技術はどんどん高まる。
> こだわればこだわるほど、自分に向き合い始めていく。

伝えないと決めたら徹底的に伝えない

さきほど守備の練習については、フロンターレ監督就任後、最初の試合までやらなかったと書きました。実は結局、1年目のシーズンが終わるまで、私は守備については一切、選手、コーチングスタッフの前で語らないようにしました。サッカーは相手のあるスポーツであり、ボールを永遠に持ち続けることなど不可能です。

けれども、「頭の中」を変えるには、極端に持っていくほうが早い。

ボールを持ち続けるというほうに極端に振って、それだけを、「うまくなっているか」どうかの判断の指標とさせたのです。

1年目は、選手はもちろん、コーチからも、

「ボールを取られたらどうするんですか？」

と、聞かれても、

「ちょっと待て。俺はボールを取られないようにするという話をしている」

と、突っぱね続けました。ボールを永遠に持ち続けたら守備はいらなくなる。その極論にこだわって、コーチにも選手にも接しました。

たとえば失点したら、相手に対処したディフェンダーを問題視するのではなく、その前にボールを取られた選手のミスのほうを問題にしました。

「ボールを失うなと言っているのに、どうして失ったのか」と。だいたい点を取られる前の、ボールを失う原因というのは「自分の技術に自信が持てずトライしなかった」「攻めていかずに逃げた」ことがほとんどです。守備のやり方を問題にするより、ボールの失い方を問題にすべきなのです。

1年目の最初のうちは、相手のコーナーキックのときの守備練習さえもやりませんでした。ボールをずっと持っていれば、コーナーキックは与えないものになるからです。

もちろん、試合では実際にそうならないことは承知しています。けれども最初はコーナーキックの守備練習をしてしまっただけで、選手たちに逃げ道をつくることになりかねないからです。ボールを失わないことを徹底的にやりなさいと言っているのに、コーナーキックの守備の練習などしてしまったら、選手たちに迷いを与えてしまうことになります。

「頭の中」を変えるには、極端に持っていくほうが早い。

何を考えているかわからないと思われよ

同じような理由から、最初は相手をスカウティング（分析）した映像も見せませんでした。今向き合うべきは自分たちだからです。そもそも、伝えないことから始めているのですから、ミーティングらしいミーティングすらやりませんでした。

コーチや強化部にも伝えないのはなぜかと言えば、そこから選手に「間違って伝わる」ことを避けるためでした。私自身、「守備」という言葉を使っていないのに、仮に選手に守備について相談されたコーチが、「風間監督は守備をこう考えている」と伝えてしまったらどうなるでしょうか？　守備のことが気になって仕方がない選手なら、守備の情報で「頭の中」をいっぱいにしてしまうでしょう。

いらない情報が取り組みを妨げることになりかねない。選手たちを助けているようで、実は助けていないのです。「今は守備を考えるときじゃないんだ。ボールを持ち続けることを真剣に考えないといけない」と、気づかせるための取り組み。ここを徹底しなければ「頭の中」は変わらない。それほどプロの選手たちを変化させていくことは難しいのです。

アマチュアの選手と違い、プロになると選手の周囲には多くの人がついてくる。チーム以外にも代理人、メディア、プロのサッカー仲間がいっぱいいて、私の言葉が意図しない形で選手に間違って伝わってしまうことが出てきます。

だからこそメディアに向けたコメントが、選手にどう伝わるだろうかを考えたし、クラブやコーチングスタッフにも、同じでした。自分の考えをわかってもらおうとしゃべってしまっては、選手たちに伝えようとしていることが伝わらなくなるのです。
ただし、伝えるために「伝えない」、あまりしゃべらないと、選手やチーム関係者から
どうしても孤立する場面があります。守備のことを話さないだけでも、
「風間監督は、一体、何を考えているのかわからない」
と思われます。実際、フロンターレではそうでした。
それでも私は覚悟を決めて、孤立する道を選びました。何を考えているかわからない、
と思われているほうが、うまくなりたい選手は、監督が何を考えているのか、何を言わん
としているのか、考えるものです。場合によっては、孤立しているくらいのほうが実は仕
事がやりやすいのです。
だからしばらくは、何を考えているか饒舌に説明するよりも、「伝えない」ほうを選び、
「孤立」であろうとしたのです。

監督が何を考えているか選手に考えさせる。

３章　自分と向き合うということ

「自分と向き合う」とは何か

私が「伝える」「伝えない」を判断するうえで、「自分と向き合えているかどうか」を基準にするということを説明しました。この章では、グランパスでの選手たちの成長を通して、「自分と向き合う」ことについてもう少し詳しく書いておきましょう。

そもそもサッカーという競技は、たとえば野球に比べて、いざ試合が始まってしまえば、監督が局面局面で指示できることはあまりありません。試合の中で選手たちが判断して、一つひとつのプレーを瞬時に選択していくしかない競技です。

ここでドリブルしてボールを運ぶのか、パスをするのか、パスを選んだとして誰にパスするのか、いちいち監督の指示を仰ぐ時間は当然ありません。

サッカーというのは本来、自分の意思でやるものなのです。

自分で考えて、自分で判断して、自分で行動を選ぶしかないのです。

だからこそ、選手たちには、考える力、判断するスピードが求められます。

サッカーとは常に自分で考えるスポーツですから、自分と向き合っていないとうまくなれないスポーツなのです。

よく、チームで約束事を決めるとか、ボールを取る位置を決めるとか、サイドから攻めろ、とか、そもそも、システムについて4－3－3だとか4－2－3－1だとか、言いますが、これは、選手たちが自分と向き合えて、自分で判断できてからの話だと思います。

特に育成年代で、あまりいろいろと教えられすぎた結果、自分で考えることをしなくなってしまう選手が多くなっている気がします。

だからこそ私は、多くのことを伝えすぎずに、技術を磨く練習を日々少しずつ進化させながら続けることで、選手たちに自分で考えるよう、伝え続けているのです。

サッカーは自分の意思でやるもの。いろいろと教えられすぎた結果、自分で考えることをしなくなった選手が多くないか。

考えることが日本人の一番の長所

「はじめに」に書いた歯医者さんの話のように、日本人と欧米人、南米の選手たちの考え方は違います。私は現役時代、ドイツでプレーして、それを実感しています。

長い歴史を持つ欧州や南米の指導者から学び、日本サッカー、日本人のサッカー選手が伸びてきたことは事実でしょう。ただし、だからと言って、欧州や南米の選手を教えるのと同じようなことを、そのまま日本人に当てはめるのが正しいのかと言えば、それは違うと思います。

たとえば、欧州や南米の選手に「自由にやれ」と言ったら、本当に好き勝手にやって収拾がつかなくなってしまう場合があるでしょう。ですから欧州や南米の指導者は一般的に、選手に極力、自由を与えないようにするために、上から強圧的な物言いをして従わせようとしたり、戦術を詰め込んだりする傾向にあります。放っておくと選手たちが詰め込もうとしないから、無理矢理でも詰め込もうとするのです。

しかし日本人は元々真面目だから情報を頭に入れたがります。いろんなものを詰め込まれても、それを素直に受け入れる態勢を既につくっている選手が多いのです。

そんな選手を相手に、指導者が目いっぱい詰め込もうとしたら一体どうなるでしょうか。データを入れすぎて重くなってしまうパソコンと同じように、動きが遅くなってしまいます。これは肉体的にもそうでしょうが、それより判断とか、頭の動きが遅くなりかねないのです。言われたことを全部忠実にやろうとして、自由な発想とか、個の力で局面を打開する力などが失われかねません。

だとすれば逆に、詰め込むデータを極力少なくして、自分で考える容量を空けておいたほうがいい。それが私の基本的な考え方です。

本来の日本人の良さ、今よく使われる言葉で言えばストロングポイントは、単純に走る、当たる強さではなく、頭の中にあるはずです。

発想の転換、柔軟性、吸収能力……。「頭の中」を変えることで、自分を極限まで伸ばすことができると思っています。データが重くなって処理が遅くなったパソコンを壊すぐらいのつもりでやらないと、本気で変えることはできないのです。

「伝えない」のは、その作業の第一歩、頭の中の空き容量を増やすためのものなのです。

たとえば、レアル・マドリードのクリスティアーノ・ロナウドをどう止めるかという話になるとします。簡単な話、ボールを持たせなければ止めなくてもいい。攻めてしまえば、C・ロナウドの良さを消すことができます。

張り合うことを考えるより、逆のこと、本質を考えてみたほうがよっぽど建設的だと私は思います。

> 詰め込むデータは極力少なくして、
> 自分で考えるための容量を空けてやる。
> 「伝えない」のは、頭の中の空き容量を増やすため。

「答え」までの「式」は一つじゃない

頭を使って駆け引きしながら体格の不利を有利に持っていくのが、日本人選手の「活きる道」ではないでしょうか。

駆け引きと受け身は、イコールではありません。私は攻め続けるサッカーを目指していますが、守備がとても強くてそれを打ち出すサッカーをするならば、それは持ち味になります。

自分が主体となってつくるのが持ち味です。フロンターレもグランパスもボールを持つことを持ち味とし、そのための技術を身につけることを目指してきたわけです。持ち味をつくり、自分たちのスタイルで勝っていくためには、言うまでもなく意欲と、技術がないと始まらないのです。だから私はまずそこを強くするために、約束として伝えるのは、「ボールを失うな」ということだけにして、そのための練習として「止めて、蹴る」など、技術を磨き続けるのです。そして意欲と技術の二つは、日本人が得意としているものだということを私は強調したいのです。

ゴール前を攻略して点を取るという「答え」だけ決めておけば、そこまで持ってくる数式はどんなものでもいいのです。「24」という答えに対して3×8、4×6の掛け算でも、12＋12の足し算であってもいいはずです。

ところが、最近の日本人はどうも小さい頃から「式」ばかりを追ってきているのではないかと感じることが少なくありません。与えられた数式を暗記する、パターン化して繰り返す練習ばかりしている気がします。

どの「式」を選択するか、そこを選手たちは頭を使って考えなければなりません。「答え」がわかっているのだから、「式」ばかり難しく考える必要はないのではないでしょうか。

日本人の長所は、考える力があること。これをサッカーにも活かさない手はありません。

頭の中の技術には上限はありません。

肉体に限界はあっても、頭に限界はないのです。

私が、まず「伝えない」ことを重視する意図はそこにあります。

日本人の長所は、考える力があること。
頭の中の技術には上限はない。

勝負は残りの10試合

2017年シーズンは、選手たちに自分と向き合わせて考えさせることと、1年でJ1

昇格という結果を出すことを両立させる必要がある大変なシーズンでした。

振り返ってみれば、ブラジルからガブリエル・シャビエルが来てくれたことをはじめ、夏にしっかりした補強をしてくれた強化部には本当に助けられました。

結局、シーズン最初から最後まで、選手の多くが徐々に自分と向き合えるようになっていき、もっとうまくなろうと練習を続けた結果、競争が生まれて結果に結びついたのだと思います。

少し表現が極端ですが、実は開幕前から、残り10試合でどこにいられるか、あるいは自分たちが自信を持っていられるか、それによって結果は決まると考えていました。

リーグというのは、年間を通してどのように成長していくかが重要で、チームの最後の姿に自分たちがこの1年で何をしてきたかが現れます。もちろん一試合一試合すべて大切な試合で、前の試合より進化する必要がある。それでも、最後に良い姿でいるために、たとえ最初にうまくいかなくても一喜一憂するのではなく、1年をかけてしっかり自分たちのゴールを目指していくことを重視していました。

ずいぶんのんびりした監督だなと思われるかもしれませんが、毎試合せっぱつまっていて勝ち負けでドタバタしないほうがいい。選手に結果だけを押しつける必要はありません。

メンバー選考で伝える

シーズンの前半戦は、選手の頭の中を変え、進化させることを重視したため、初戦と2戦目がシステムが違うもののメンバーが一緒だったのを除くと、試合のたびに先発メンバーを入れ替えていきました。これは結局、夏の移籍で選手が入れ替わってからも続き、前の試合と同じメンバー、ほぼ同じシステムだったのは34節から37節と昇格プレーオフの2試合くらいでした。それ以外一つとして同じ組み合わせはなかったのですから、選手も戸惑ったと思いますが、自分で考えてもらいたかったのです。

基本的には、1週間の練習の中で本気で「トライ」している選手にはチャンスがある。前の試合で1点取った、活躍した選手でも、翌日からの練習でトライしていない、良い状態ではないと思ったら、スタメンから外れることもあれば、ベンチに入れなかったケースもありました。

一試合で活躍しても、次の試合に出る権利を得たわけではないのです。毎日が勝負であり、グラウンドの中で技術を高めていくことに集中する。誰にも試合に出るチャンスがあり、出られなくなる可能性もある。

「出るチャンスは全員にある。でも出る権利はないんだ」

「持っているものは全部練習グラウンドで出せ」

と、私は伝えました。そうでなければ競争に勝つことができないのですから。

制限もしないし、バチバチやってくれればいい。試合と同じ雰囲気、いやそれ以上でやれればトライになる。ベンチから外れた選手に、伝える言葉は何もありません。感じてくれればいいだけのこと。彼らに言葉で伝えることが、逃げ道を与えることにもなりかねないのです。

気持ち良く練習させても、トライは生まれない。試合に送り出すための練習を基準に置くと、トライが生まれます。

私の仕事は仕掛けること、そして選手たちをしっかり見ること。それが「伝える」ことになるのです。

言葉で伝えることが、
逃げ道を与えることになりかねない。

なぜ試合に出られないんですか!?

自分が先発できないとき、起用のされ方に納得いかない選手はやがて私に何か言ってきます。これは自分と向き合っていて、いろいろ考えていて、自分に自信がある選手ほど早いものです。もちろん私としては大歓迎で、実はそれを待ってもいるのです。

しばらく先発できないときに話をしにきたある選手には、トラップの話をしました。より緻密なトラップをしたほうがプレーの選択肢が広がることを伝えたら、より精度の高いトラップを練習するように変わっていきました。その結果、あっという間にさらに上手になり、ボールを失わないことが増えました。

私は彼がピッチの中でもっとやれることがあると信じていましたので、自分の起用法について聞きに来たとき、「お前やっと来たな。もっと自分でピッチの中で好きに判断してやっていい」と伝えたのです。

自分は体が切れて絶好調なのになぜ先発ではないか聞きに来た選手もいました。「調子いいと思っているんだろうけれど、俺にはまったくそう見えていない。まだ動けるはずだ」と私は言って、試合中、止まったり、引いてしまうことが目立つ傾向を指摘しました。これだけでその選手はあっという間に変わったのです。一回わかったら、少し意識して練習すれば変われる選手はすぐ変わります。

ただし、普通は今までのやり方にとらわれずに、頭の中が変わるのは大変で、それには自分と向き合うことが大切で、監督は言い続けながら待つことになります。

サッカーでは、逃げる後ろへのパス、横へのパスがいらないのに、そこがわかっていないことを指摘した結果、前へのパスが圧倒的に増え、トラップ一つで前を向く技術も上がり、チームを引っ張ることになった選手もいました。

「厳しいことを言うけれども、まだ90分持たない。もっとコンディションを上げないとチームのスピードにもついていけない」

と話したら、練習から見違えるように走るようになり、コンディションも上がった選手もいました。

一人ひとり何か起用法に関して聞きに来たときに、根拠があって明確に答えられることが監督には求められます。自分に向き合いだした選手にどんな的確な注文ができるか、指導ができるか、簡潔な指摘ができるかどうか。そのためにふだんからいかに一人ひとりを観察しておくか。それだけで、個人が変わりチームが変わります。何を言うか言わないかを、常に考え抜くのが監督の役目で、ずっとやっていかなければなりません。

もちろん重要なのは前に言った通り、選手一人ひとりの好き嫌いで言っているわけではないということ。プロの仕事として必要なことを指摘する。

そして監督の言ったことさえやれば、確実にチームの勝ちにつながり、試合に出られることが全員に伝われば、個人個人の練習も変わり、少々のミスで試合に出られなくなることなくなるのです。

若手の目線は変えてやる

経験のある選手、自分と向き合うことを知っている選手に対しては、伝える言葉さえうまく選べば、頭の中は変わっていきやすいものです。

ですが、まだ試合に出たり出なかったりの若手はそうもいかないことも多くなります。こういうとき私はよく、とりあえず選手の目線を変えてみることがあります。具体的には慣れたポジションを変えるのです。

たとえば、走るスピードはあっても、「前に行く」スピードがまだ速くない選手は、どう動けばいいかが、まだ見えていない、まだわかっていないのです。技術が少し足りなかったので、見えない、わからない。見えないから前にスピードが出せないのです。そんなときにサイドバックで起用してみる。

サイドバックはタッチラインを背にするため、視野を確保するにはいいポジションです。そして、相手のプレッシャーが他のポジションと比べるとかかりづらいため、「見る時間」にも余裕があります。

視野を確保するというのはどういうことかというと、「360度を見る選手がいい」とは私は思っていません。見るべきポイントを絞って見ることができるのが「うまい選手」なのです。サイドバックはタッチラインを背にするため、１８０度の中から自分の見るポイントをつくっていけます。相手のセンターバックを見る、味方のフォワードを見る。そうやって自分のプレーの判断を「遠いものから見て」決めていけるのです。サイドバックがやれれば、見ることが上達して、フォワードでも使えるようになるかもしれません。

頭を変えるには、「目」を変えてやればいい。ポジションを変えることで、「目」を変えてやるだけで、伝わらなかったことが伝わる場合が出てくるのです。本人は驚くと思いますが、まずお前も出られるぞ！　というのを教えたうえで経験を積ませ、チームとしての期待を伝えたいのです。

自分に向き合えばいくらでも変わるきっかけをつかめる

フロンターレ時代も、左利きで右サイドにこだわっていたレナトを左サイドにして、目線を変えたり、「大学ナンバーワンフォワード」だった新人の長谷川竜也をやはりサイドバックにして目線を変えさせたことがあります。

右利きの選手をあえて左サイドに置いたらどうなるか。右サイドでは右足にボールを置くとコースが限定されますが、左サイドでは右足にボールを置くと、見えるものが増え、コースの選択肢が広がります。そうやって視野の確保を、こちらから仕掛けてやるのです。ただし、そこで気づけるかどうかは、本人次第になります。

グランパスでは、青木亮太もサイドバックで起用しましたが、目を変えることで「頭の中」も変わっていった選手です。パスを出すため、前に出ていくため、パスを受けるために足りない技術を補おうとしているのが、私にも伝わってきました。これが自分に向かい始めるということ。そうなれば本来の攻撃的なポジションで起用する選択肢が出てくるのです。シーズンの中盤から後半の勝負どころで彼が点を取ってくれたのも、目が変わり、頭が変わってきたからです。頭が柔らかくなれば、プレーもいい意味で柔らかくなってきます。

サイドバックで起用されれば、「フォワードで通用しないのか」などと余計な心配も出てくるかもしれません。ですがそれ以上に、先入観を捨てて頭をフリーにさせることが目的でした。

自分がこれまで考えていたトップやトップ下のプレーは、「見えていないものを追いかけていた」ことに気づくのが第一歩。そして「見えているものを追いかける」プレーに変わらなければ、意味がありません。実際に自分の目で、現実的に何をやっていくべきかをわかってもらわないと成長のサイクルには入れないのです。

その仕掛けの意図をわかってくれれば自分に向かえるのですが、何も気づかなければそのまま流してしまうことになるのです。それは選手たちの常日頃の準備、心構えが、気づく気づかないの差になってくるものです。

突然気づくから面白い

17年シーズンのグランパスでフル出場に近い活躍をしたのが、広島からレンタル移籍してきた宮原和也でした。彼ももともとミッドフィルダーで、ボランチが本職の右利きですが、グランパスではほとんどの試合で右サイドバック、ウイングバックで起用し続けました。

シーズン前のタイキャンプだったと記憶していますが、右サイドでパスを受けたときにボールを向かってくる相手から遠いほう、つまり自軍のゴール寄りに止めて置いて逃げようとしました。ところがその結果、相手はスピードを緩めずもっと入ってきて、プレッシャーをかけられボールを奪われたことがあります。

紅白戦だからその場で試合を止めて、伝えました。

「その相手から逃げようとするトラップだと相手から離れたようで、逆に全部の相手がお前に当たりに来れるんだ。お前が止めたあとやれることを限定しちゃうトラップをしたからだ。逃げることが相手を止めることじゃない。なんでもできますよ、というポーズ、そこにボールを置くことが相手から本当に逃げること、外すことなんだよ」シーズンの初めで最も大切な「止める」基本を伝える、ちょうど良い場面だったので全員を集めて伝えておいたら、当事者だった和也は割と早く、これが「止める」なんだと理解したのです。和也は自分と向き合える選手だったので、意味がすぐわかったのだと思います。

どうやって、選手たちに考えさせるかを考える、それが一番大変な仕事です。和也のように、自分がミスをしたときに「わかるでしょ?」と言えばすぐわかる選手もいます。もちろん言ってもわからない選手もいる。

フロンターレのある選手は、悪くない選手だったんですが、基本的な技術の部分が、何度言ってもわからない。「頭いっぱいだろ?」と聞くと、「わかんないです、きついです」という返事ばかり。「面白くないだろ?」と聞くと、「いやあ面白くないとかではなくていっぱいなんですよ」と言っていました。しかしシーズンの終盤に、練習試合で使ったらもの凄い攻撃的ないい動きをしてくれました。試合後、「監督の言ってることがわかりました!」と言うのです。それでもう1年チームに残ることになったのですが、そこからの伸び方には本当に驚かされました。とても頼りになる選手になっていきました。

何度言っても伝わらないのに一日にして変わる選手がいるから、結局、それまで待っててやらないといけない。あきらめずに伝え続けないといけないし、それがまた面白い。グランパスでもそうですが、突然変わる選手がいるのです。

そして変わる兆候のある選手もたくさんいるのです。

とにかく逃げてはいけない

一方で自分と向き合っているはずが、突然わからなくなる選手もいます。

ふだん普通にできていることが、ある試合を「特別な試合だ」と意識した結果、力が入りすぎて、頭が動かなくなって、ミスしてしまう。力を抜けと言えば入れてしまう。そういうプレーをリーグ戦でしてしまったのです。

この選手は昇格プレーオフのときには、「いつもと同じ大切な試合の一つだ」ということを理解して、かなりいいプレーをしてくれました。

特別な試合でも変わらずに、ふだん通りプレーできるように、グランパスでは最初からずっと伝えてきたことがあります。

それは、まず「大きい試合も小さい試合もない」ということです。

往々にして自分の頭の中で「大きい試合」を作り上げてしまうものですが、どんな試合も一試合は一試合、すべて90分の試合に変わりないということをずっと言い続けてきました。これを習慣づけていれば、自分の中で「大きな試合」を作らずに平常心でプレーできるようになっていくのです。

そしてもう一つ。こちらが攻めるからこそ、相手が攻めてこられない、ということも忘れてはいけません。

時として、ボールを大切にしようとして、安全を探し、ボールを相手から遠ざけようとすると、相手の「守備という攻撃」を受けてしまうことがあります。安全にやろう、ボールを大切にしようとして、逃げてしまうとピンチになりかねません。横や後ろが安全ではないのです。安全にプレーするためには、常に前にプレーすること。そのためには、いつも通り敵の嫌なことをやり続けなければいけません。

そこを間違えると、「安全」という落とし穴に自ら入ってしまう。そういうことがあるのです。そうならないためにも、ふだんから特別な試合を自分で作ることなく、平常心でやり続ける意識をしっかりと持つことが大切なのです。

4章　「やらされる」から「やる」へ

練習にすべてがある

私の日々のトレーニングですが、全体練習は、おそらくどこよりも短くて、1時間前後で終わることが多いです。

もちろんその1時間は、常にボールを使って、体も頭の中も、止まっている選手がほとんどいないように、メニューを練り上げています。しかも過去にやったのと同じトレーニングはほとんどなくて、日々レベルを上げていくようにしていますので、体も頭もとてもハードです。1時間やるのがきっと限界でしょう。

そして短い練習での選手たちの「トライ」を私はなによりも重視しています。練習の中に試合がある。つまり練習でいいプレーができない選手が、試合でいいプレーをすることなどできないと思っているのです。

フロンターレの麻生グラウンドでも、グランパスのトヨタスポーツセンターでもいいのですが、選手には、「麻生でやってる」「トヨスポで練習してる」と思って動いている選手もいれば、6万人の大観衆の中でやっていると想定して、練習をやれている選手もいます。それだけで成長が違ってくるのです。

こういった意識を持ってくれた選手は必ず伸びていきます。そして、選手個人が一人ひとり伸びれば、チームは必ず強くなっていくのです。
そのためにも私は練習の空気感というものを何よりも大切にしています。ピリッとしていないのは大嫌いで、たとえ1分だろうが、30秒だろうがピリッとしない雰囲気は周りにも影響するし、試合でも出てくると考えています。

能動的な雰囲気でやる練習は効率が良い。逆ならば効率が悪い。それが1年の積み重ねとなればどうなるかは自明の理なのです。

もちろん、サッカーは練習でも楽しまなければ意味がありません。

しかし楽しむことと、面白おかしくラクしてやることは同義ではありません。ピンと張り詰めた真剣な雰囲気でこそ、本当の意味で楽しむことができます。ビシッとやれているのが、最高の雰囲気だと思っています。

具体的には、ミニゲームの接触プレーで、激しく当たっても笛を吹いて止めることはありません。ちょっと危ないなと思えるプレーでも、あえて流すようにしています。選手が伸びるための最高の雰囲気をつくるためであり、バンバンやらせます。

自ら「やる」ように練習で刺激する

最初の1時間の全体練習をいかに濃密な時間にしていくか。監督としての大切な仕事です。もう少し詳しく説明しましょう。

体と目を慣らすパス回しも、やがて人の数を増やしてやるようになりました。そもそも選手たちに自分の判断力を磨いてもらうために、あまり規制はしたくないのですが、タッチ数、時間、方向の制限など「決まり」をつけても、少しやれば苦にせずこなしてしまうのがプロの選手たちです。

ただ、簡単にやれてしまうと考えなくなり、緊張も保てなくなり、すなわち自分に向かわないことにもなりかねません。

「ちょっと難しそうだけどやってみるか」と思える練習メニューを、与えていく責任が私にはあると常に意識してきました。レベルを多少なりとも上げて「刺激」を加えることで、選手たちも楽しめるからです。

「ボールを失うな」と伝えて始まったチームづくりも「ボールを持つ意味」についての選手の理解が深まっていくと、守備のトレーニングも取り入れるようになります。

よく守備を教えないと言われましたが、守備に引っ張られないだけの「頭の中」をつくることが重要で、守備練習をしないわけではありません。

たとえばボールを持つほうが3人、持たないほうが2人の3対2では、2人のほうに、相手のパスコースを切りながらボールを奪うというミッションを与えていきます。

最初は10メートルの正方形幅でしか守れないものですが、徐々に守れるようになると、次は20メートル幅、さらに30メートル幅とどんどん広げていくのです。同じミッションを「継続」しつつ、「刺激」を入れていくわけです。

どんな広さでも肝は、1人で相手2人を見ることができるようになることです。パスコースを切ることで、敵のパスの出し手と受け手の頭を一度止めることができます。これだけで、1対2でも不利ではなくなるのです。

これは攻撃においても同様です。出し手と受け手の2人で、1人を攻略すればいい。極端なことを言えば、受け手の動きが悪くても出し手が相手の動けない場所にパスを出せば、攻略できます。受け手の動きさえ良ければ、もっと簡単に相手を外せます。

守備側は1対2で有利にしようとし、攻撃側は2対1で有利にしようとする。試合で何度も起こりうるこういった局面ですべて勝っていけば、すなわち試合にも勝つということになります。これをしっかり選手の頭の中にすりこみ、定着させるため、継続して、さらにレベルが上がるように刺激する練習をすることによって、個人として組織として合理的かつ効率的に「やれること」がどんどん広がっていくのです。

ですから私はその日の練習を見、選手の様子を見て次の日のメニューを考えていきます。選手たちがうまくなっているのに、同じ練習をやってしまうと成長が止まってしまいます。常に選手の状態、状況を見たうえで、レベルを上げていくような練習内容を、決めるようにしているのです。

よく、「風間式トレーニングメソッド」を本にしませんか、と言われるのですが、私は練習メニューをメモに残したり、ノートにつけることはありません。だいたい練習が終わったら、自宅やクラブハウスに転がっている新聞広告やメモ用紙の裏などを利用して、そこに思いついたメニューや言葉を書いています。しかしそのメモも、すぐゴミ箱に捨てたり、置きっぱなしにしてしまいます。

なぜなら書くのは頭の中を整理するためで、それが終わればもう必要なくなるからです。たとえるなら、今日時速100キロのスピードでトレーニングをしたら、明日は101キロになる内容にするべきで、たとえばそれを99キロに戻すと、感覚では100キロに戻すまでに2日かかることになります。時に同じスピードになることはあるにしても、スピードを落とすことは成長を止め、うまくなりたいと思う気持ちを下げることにもつながりかねません。その日の練習をこなした選手は、自分に向き合う集中力を翌日なくすかもしれないからです。

自分に向かい始めると、選手の声がなくなってくるからわかりやすい。余裕を与えない、ギリギリのところをやらせないといけないのです。

マニュアルは無意味

練習は「生き物」です。たとえばバルセロナの練習をグランパスがそのまま取り入れたら、自然とうまくなっていくのでしょうか？　それは当然ながら違います。

チームのレベルをきちんと把握し、少しずつレベルを上げることで、自分と向き合える、自主的にやれるメニューをつくりあげるほうがはるかによいのです。ただバルセロナのメニューを真似するのではなく、選手たちの反応や様子をきちんとチェックしたうえでなければ、次の日のメニューはつくれないものです。今日は、明日になれば過去になります。うまくなっているのに過去を繰り返したところで、個人にもチームにも成長はないのです。練習のメニューは、常にオリジナルであるべきだと私は思います。

筑波大蹴球部監督時代、あるいはフロンターレ時代、研修で来る指導者たちは私の練習を見てはノートに書いていました。でも私から言わせれば、ノートから学べるものはあまりないのです。今日の練習は、明日になると使わないものですし、選手も生き物、チームも生き物、練習も生き物だからです。

練習を見にきた指導者には、必ずこう伝えるようにしています。

「選手を見てほしい。この選手たちを使って、明日、僕に試合で勝つことを考えてほしい」

ノートを見るより、グラウンドの選手を見るほうがはるかに大切なのです。

ピッチにいる選手の変化をきちんと見ることで、トレーニングの本質を知ることになります。昨日の練習メニューが書かれたノートなど見る暇があったら、グラウンドだけを見ていたほうがいい。選手に考えさせるなら、まずもって指導者が考えなければならない。トレーニングにマニュアルは無意味。それが私の考え方なのです。


選手に考えさせるなら、まず指導者が考えなければならない。マニュアルは無意味である。

居残り練習奨励の意味

日々変化する1時間の全体練習の後は、選手たちの「自由時間」です。一般的には、「居残り練習」と呼ばれることが多い、個人練習の時間を私はもちろん大切にしています。

全体練習では、組織の中で自分を出すことをやります。

居残りの自由時間で、選手たちが取り組むのが、個人の部品づくり、武器づくりです。

自分の頭の中を整理しながら、練習してきたことの確認、復習、そしてうまくなるための個人の能力を伸ばす時間でもあります。

トータルすると、毎日の練習のうち、約1時間が全体練習、30分から1時間が個人練習という分け方になるでしょうか。

「居残り練習」はあくまでも、「自分と向き合う時間」「考える時間」ですから、何かをアドバイスすることはあっても、ただやらせることが目的とならないように気を配っています。そして居残り練習の使い方がうまくなれば、最初の全体練習でも感じ方が違ってくるものです。

居残り練習が効果的になるためには、選手たちが、本来誰もが持っている、「うまくなりたい」という欲を出していく必要があります。

フロンターレでは、2013年にヴィッセル神戸から移籍してきた大久保が、その欲を前面に押し出してやってくれました。大久保のその姿勢がチームの活性剤にもなっていました。

欲を持って踏み出そうとする、そういう選手が多くなれば、欲を持つ人が特別な存在ではなく、普通になります。大久保がどんどんやっていくことで触発された選手も多かったのではないでしょうか。

後に日本代表にも選ばれるようになる小林悠、大島僚太たちも、欲を持つことで自分の持っているものを引き出していったのです。

大島は居残り練習で、キックで壁にボールをぶつける〝壁打ち〟をよくやっていました。私やコーチがリクエストしたわけではなく、自分が「必要なもの」と感じたからこそでしょう。テーマを持った取り組みによって、キックの種類、精度はさらに上がっていったのです。

技術というのは、やればやるほど、極めれば極めるほど、小さなズレを許さなくなります。それがまた成長のサイクルを呼び、「蹴る」ばかりでなく「止める」「外す」も高めていくことで、「蹴る」がまた一段階、上のレベルになります。そしてチームメイトも「敵」であることを、理解するようになります。中村や大久保にパスを出しておけばいい、じゃなく、自分でやろうとするようになっていきます。

うまくなっていくことを実感できれば、そういった野心や責任感も出てきます。「欲」を持つことが「普通」になる集団は、間違いなく強くなるのです。

居残り練習というのは、自分で必要なことを考えて、自らやることで、技術が高まっていく、という効果があります。「頭の中」が変わり、ヤル気になって自分と向き合い始める。そうすれば何も言わなくても自分からやるようになっていく。好きなものを突き詰めようとすれば、努力が苦にならない、努力を努力と思わなくなるものです。

好きなものを突き詰めようとすれば、努力が苦にならない、努力を努力と思わなくなる。

グランパスでの居残り練習

フロンターレ時代の居残り練習ではどこまで自分の課題に気づいているかを見るために自主性を重んじました。

特に1年目は選手はもちろんコーチたちにも、居残り練習で何をやったらよいかといったことなどはあまり伝えずに、選手にもコーチにも考えさせたものです。

17年のグランパスでは、シーズンの最初からコーチとは密にコミュニケーションを取っており、選手の状態についても最初からしっかりと認識することができました。

そのため居残り練習も、選手の自主性にまかせ、課題や練習メニューを自ら考えさせることは尊重しつつも、コーチには早めに選手への手助けをしてもらうことになりました。

最初は、居残り練習をやらない選手、何をやってよいのかとまどっていた選手もいましたが、すぐに全体練習後、自分たちで練習を始めたり、コーチに、「いいですか、ちょっと付き合ってもらって」と練習の手伝いを頼みだす選手が増えました。もちろん、選手に頼まれると、コーチは待ってましたとばかりに、練習を共にし、何をやるとよいか選手たちに伝えることも多くなったのです。

最初からコーチと一体となって選手を見て、より成長のスピードをあげてもらうことを目指していたのですが、これがフロンターレの1年目とは違っていたと思います。

「伝えない」で考えさせるのに徹するよりも、「伝える」ことが多かったのです。

伝わるまでの時間を短くするために、目で伝えることも増やしました。選手一人ひとりのために、コーチがその選手の成長に役立つような映像をつくって一人ずつ見せることもありました。たとえばバルセロナが相手を崩していく映像などです。

バルセロナの映像と言っても、最近のメッシ、ネイマール、スアレスが3人でゴールを奪うような映像ではありません。止める、蹴る、外すという基本的な技術さえ正確に繰り返せば、自陣から、ボールをまったく失わずにパスがつながり、次々味方がフリーになっていき、相手に触られることもない。爆発的なスピードも、特殊な技術もなく相手を崩せるシャビやイニエスタたちのプレーを中心に見せることがありました。

これを見せることで必要な技術がより明確になり、「やらされる」のではなく、自分で目的を持ってやる選手が増えるだろうと期待したのです。実際その通りになりました。

自主的に練習しようという選手たちの気持ちを損なうことなく、さりげなく練習を試合に活かす近道を伝えることができたと思っています。

18年シーズンは、1月の練習初日から選手たちはどんどん自分たちに必要な自主練をやり、コーチへも居残り練習の協力のお願いがきています。選手たちのさらなる成長が楽しみでなりません。

海外のやり方のほうが上なのか

居残り練習というのは日本独特のものかもしれません。

欧州の指導者は全体練習でコンディションを管理しているという考え方なので、「余剰」は無駄にしかならないと考えます。その力が残っているなら、全体練習の中でやってくれという話になります。私が現役時代にドイツでプレーしていたときも、居残り練習は禁止されていました。

しかし、日本人は違うメンタリティを持っています。真面目だし、考えることを面倒くさがらないので、その環境をつくってあげればいい。ある意味「伝える」よりも、重要なことかもしれません。集中させる場を提供することによって、グンと自分を伸ばせるからです。

たとえやってもすぐには身にならない自主練習であったとしても、考えて実行に移すことに意味があります。そうなればまた別のことを考えるようにもなります。

取り組み方一つで、すべてが変わってくるのです。

たとえばドリブルに磨きを掛けようとそればかり練習しているとします。ですが、うまくいかない要因はドリブルではないと気づいたら、やることが変わってきます。違う部分に目を向けるようになります。

自分を「ドリブルがいい」選手から「サッカーがいい」選手に成長させていく。そうやって自分と向き合っていけば、終わりのない作業になるのです。

日本人の気質は実直、真面目であり、欧米人と日本人の考え方が違うことは触れてきましたが、これは選手のみならず、指導者も同じでしょう。

先ほど書いたように真面目にノートに練習マニュアルを書き留めるのは、決して悪いことではないと思います。ただし、それはあくまで練習の発想を広げる「手段」であるべきで、書くことが「目的」となってしまったら、意味がないのです。

ついでに言うと、文化、言葉、考え方、どれをとっても日本人が日本人を教えるのが、一番伝わりやすいと感じています。外国から多くのものを貪欲に学ぼうとする日本人指導者は多いし、それは今までは必要だったかもしれません。外国のやり方に心酔する、あるいは詳しい日本人は多いのですが、そのうえでもっと自分の目に、日本人のやり方に自信を持っていいと思っています。

もっと日本人のやり方に自信を持っていい。

ミーティングは10分

週末の試合に向けて、選手たちを集めて全体ミーティングを行う。これはどのチームもやっていることです。私は選手時代からミーティングが苦手だったのでだいたい10分ぐらいが基本で、長くてもせいぜい20分くらいまでです。

そもそも、グラウンドでのトレーニングの中に必要な要素すべてが詰まっています。ミーティングは選手が頭を整理する時間です。

あまりにも長いと選手は集中力を保てないし、こちらが伝えたいことを詰め込んで伝えようとすることにもなりかねません。それで指導者が伝えたと思って安心してしまうのは本末転倒で、これはミーティングのためのミーティングにすぎません。

選手の頭にきちんと残るためには、まず「長くない」というのも大きなポイントだと私は思っています。選手たちを信頼しているという前提に立っていれば、長い時間は必要ないのです。

これはミーティングを受ける立場で考えれば、すぐわかるはずです。どんな指示でも監督から短く伝えられたほうがわかりやすいし、逆に「信頼されているんだな」と思うでしょうから。

たとえば負けが込んでいて、チームの雰囲気もよどんでいるように感じるとミーティングは長くなりがちです。ですが、こんなときに無理やり課題や改善点を詰め込もうとしたところで無駄だというのは現役時代から感じてきたことです。

長いミーティングは伝わらないばかりか、指導者の不安を選手たちに押しつけることにつながってしまうのです。

どうやって不調を脱すればよいか、指導者がわかっていれば、選手たちは惑わなくて済むと私は考えています。

もちろん私も常に不安がまったくないのかと言われればそうではありません。結果が出ていないときに、不安を持つことは私にも少なからずあります。けれどもジタバタしても始まりません。不安を感じようが感じまいがやるべき仕事は変わりません。目の前の選手に本気で向き合い、次の試合に全力で向かうだけなのです。

自分の不安を結果的に選手に押しつけてしまうのは、自分を見失っていることにもなります。そうやってどこかで客観的に自分を眺めるということも、私は大切だと思います。

短い時間で伝えれば、信頼されていると思われる。長いミーティング、指示の詰め込みすぎで指導者の不安を選手に押しつけてはいけない。

海外の真似もいらなくなる

ではその短いミーティングで何を伝えるか。まずは自分たちがどうやっているかを全員で見て確認するのが最優先です。自分たちがやるべきことを意識させるために、相手の映像を見せたり相手の話をすることは、特に最初はほとんどありません。

他のチームを見せるとすれば自分たちよりもプレースピードの速い海外のチームの映像をコーチに編集させて選手に見せることを選びます。

ただし、海外の一流クラブの映像を見せることはフロンターレでは4年目くらいでなくなりました。彼らから学ぶ姿勢ではなくなったということもありますが、自分たちの最近の映像を見るほうがはるかに効果的だったということです。

また30本のパスをつないでゴールを奪った自分たちの前年の試合を編集するようにコーチに言ったこともありましたが、「見せないほうがいいと思います」と言われました。なぜかと聞くと「今年のほうがより速くなっているし、もう参考になりませんよ」と。私も映像で確認したところ、確かに前年とはプレースピードがまるで違っているのです。

対戦相手の情報は、最初は10のうち、1か2しか伝えませんが、相手の情報を渡そうが、「頭の中」が相手に引っ張られることなく自分たちを見る力がついてきたら、増やしても問題なくなります。

この場合、組織としての特徴ではなく相手選手の個の特徴を細かく見せます。個と個の対決が全体となるわけですから、個にフォーカスするのです。

昇格プレーオフの際も説明しましたが、私は全体のシステムの話はほとんどしません。それは特に個々の選手に言い訳をつくることになるからです。ミーティングの目的も、個人が自分に向き合い、自分で「やる」ようにさせるためです。とにかく自分に「集中」してもらうときにシステムの話は、逃げ道を与えてしまいかねないからです。

システムに関係なく、まずは自分が相手に勝ったからうまくいった、ミスしたから相手にやられた、自分の質を向上させれば差がつく、といったことを自覚してもらいたいのです。全体のシステム論に流れたら、いくらでも言い訳が利く。このシステムではダメだ、違うねと言う前に、「自分は100％でやれているのか」というところに、自ら目を向けてほしいからです。

ミーティングでシステムの話をしても迷わすだけ。それなら自分たちの試合のプレーを見せて、練習で伝えている主導権を持って攻撃していく姿勢を失わなければ問題ない、ということを伝えたいのです。自信を持ってもらうためにミーティングはあるのです。

グランパスの選手はどんどんうまくなっています。それは自分に目を向けて、やらされるのではなく、自分でやる選手が少しずつ増えてきたからだと思っています。

楽しまなければうまくならない

私は現役時代からサッカーをしていてきついとか辛いとか思ったことが一度もありません。いつでも楽しくてたまりませんでした。もちろん、プレーをしなくなった今でもそうです。自分にとって好きなもののイコール、楽しいものですから。

サッカーに関してのトレーニングや指導者としてあれこれ考えることを、「努力」だと思ったことはないし、いつでもどんなときでも、もっともっとうまくなりたい、うまくなってほしいという思いでいっぱいです。

楽しむことを怖がらなくていい。好きなものなのだから自分の中でトコトン楽しめばいい。ただ、ラクなことをやるのが「楽しむ」じゃない。好きなことに対して真剣に、一生懸命に取り組む。言葉を砕くなら、それが私にとっての「楽しむ」です。

試合で負けてしまうと、結果としては、当然楽しくなくなります。だとすれば次の試合で勝って楽しめばいいだけのことです。負けを引きずるのではなく、勝つために何をしたらいいかを考えればいい。過ぎたことは、終わったこと。そこに立ち止まっていたら、好きなものに対して楽しめなくなります。それこそ苦しいだけです。

「楽しむ」と「勝つ」というのはいつも並行して追い求めているもので、勝つために楽しめばいい。考えるのはそれだけです。

お客さんたちだって、「勝つ」と「楽しむ」の両方を求めているのであって、そこは監督や選手と共通しています。仮に負けたとしても「次は勝ってくれるんじゃないか」という期待を感じてもらえれば、スタジアムに足を運んでもらえるのです。

すべてを楽しんでしまえばいい。緊張もプレッシャーも、お客さんの目も全部楽しんでしまえる選手は、絶対に伸びるものです。

サッカーの特権は、相手を技術で「叩きのめす」ことが許されていること。ボールを持って容赦なく勝ってしまえば称賛される世界。とことん強くなっていい世界なのですから、サッカーが好きでたまらないなら、とことん楽しまなきゃ損なのです。

相手のサッカーに合わせたり、相手を研究して相手の良さを消すサッカーをなぜやらないのか、そのほうが勝てるのではないかと聞かれることがよくあります。

私は目先の1試合を勝ちたいわけではありません。1回勝つよりも、10回勝ちたいし、ずっと勝ち続けたい。そのためには「合わせる」よりも、自分たちを追求していくほうがいい。絶えず進んでいくほうがより伸びていくと信じているのです。

プロとしてサッカーをやっている人間は、もともとサッカーを始めたときから、ボールを持って相手を抜いて、ゴールを決めることが楽しくて続けてきたのだと思います。だったらその楽しさをプロでも味わい続けることを目指したほうがいい。

サッカーを楽しむことを誰よりも選手が望んでいる、ひいてはチームが望んでいる。そうなればチームは必ず強くなっていくと信じているのです。

楽しむことを怖がるな。好きなことに真剣に、一生懸命に取り組む。それが楽しむこと。

「技術」とは何か

フロンターレでもグランパスでも、選手の武器はボールを持っていることで、ボールを持ち続けるために技術があればよいのだ、ということを伝え続けたことを書いてきました。

技術が徹底的に強ければ、相手を怖がらせることができ、自分の自信にもつながっていきます。

では技術とは何か、もう少し細かく説明しましょう。技術には3つの要素があると考えています。それは、ボールを扱う技術、頭を扱う技術、体を扱う技術です。よく「心技体」といいますが、真ん中の「技」は、ボールを扱う、という狭い意味での技術であり、私にとってはこの3つとも「技術」だと考えているのです。そして、「心」というよりは、すべてを感じ、考えるのは「頭」ですから、むしろ「頭技体」で考えたいのです。

この心技体ならぬ「頭技体」の3つを備えておけば、これらを駆使して相手に勝つこと、相手を怖がらせることができるのです。

たとえば「今日は足にボールがついていないな」とボールを扱う技術が今イチだと感じても、残りの「頭」と「体」の二つがしっかりしていれば、何とかなるのです。

ドイツでプレーしていたときも3つが揃わないことは多々ありました。どうも今日は足にボールがつかないなあと、感じる日は、あえてボールを相手に当てて取り返してしまえばいい。相手からボールを奪うことには自信があったので、技術がダメでも体と頭を使えばいいと考えました。そうすれば相手を抜くのとイコールになります。そして時間が経つにつれてボールを扱う技術の感覚が戻ってくれば、また違う判断ができるようになってきます。

ダメなものを追っかけていると余計にダメになる。ならば追いかけず、残りで勝負をするという考えのほうがいいのです。自分がイライラすると周りにも影響する。ここは「捨てる」ほうがうまくいく、そんな試合を何度も経験してきました。

一番多いのは頭と技術は回っていても、体がついてこないケース。頭と技術は、試合によって波があまりに激しいということはそこまで多くはないのですが、3つの中では、体が一番信用できないかもしれません。コンディションは正直、良い日もあれば良くない日もあり、そもそもケガを抱えているときのほうが多いわけですから、「体」はなかなか完璧にはいきません。そういう場合は無理に「体を動かそう」などと思わなくてもよい。技術と頭の二つで勝負できるのです。

さらに言えば、限界のない「頭」を伸ばすことで技術、体も伸びていく。正三角形をイメージしてもらいたいのですが、まず頭が伸びたら、技術、体も伸ばしてより大きな正三角形にしていくべきです。そしてまた頭を伸ばしてさらに大きな三角形になり、ふたたび技術、体も伸びてもっと大きな正三角形になる、その繰り返しで、どんどん技術が高くなっていくのです。

いかに自分の正三角形を大きくできるか。「頭」がまず伸びることで残り二つがついてくると考えれば、頭の部分をどう伸ばしていくかが大切になります。

だからこそ私は「頭の中」を変えろ、と選手たちに伝え続けているのです。

頭を扱う技術、ボールを扱う技術とは

頭を扱う技術、ボールを扱う技術について、もう少しだけ記しておきます。

サッカーはボールがないと始まりません。ボールをどう扱うかが結局はすべてなのです。体が小さくても、弱くても、体の単純なスピードがなくても、ボールという武器を扱って相手を圧倒する方法論はたくさんあります。

たとえば自分より相手のほうが足が速いなら、相手を歩かせてしまえばいい。自分の体が弱ければ、相手に体を触らせなければいい。スピードを上げたり、体幹を強くできるならそれに越したことはないですが、「頭」で発想するなら、これで相手を上回れるのです。

3つの技術のうち、たとえ一つが負けたとしても、それ以外の2つで勝てる選手になればいい。最も大事なことは、それをしっかりと理解して相手と戦えること。これが知恵の

ある選手です。

Jリーグのプレシーズンマッチでジーコと初めて対戦したときのことは今でも覚えています。ボールを持つジーコに対して、私が前に一歩出た瞬間にあっさりと体のそばをパスを通されました。自分が一歩踏み出したら、思っていたところと違う方向に体は動かせない。私の「一歩に出せ」という言葉の原体験なのですが、ジーコが超一流であることが十分に理解できました。世界にはジーコより体の強い選手も足の速い選手もいますが、彼にはそれを上回る知恵とボールを扱う技術があります。まさしくそれを感じさせてくれた選手でした。だから彼は世界中から称賛されたのだと思います。

私は「遊び球」という表現をよく使います。17年のグランパスではたとえば、ディフェンダー（DF）から田口泰士や小林裕紀に何気ない一本のパスが出てすぐ、彼らがパスを戻す場面が増えたと思います。フロンターレでもDFと大島や中村憲剛が、パスを往復させるような場面が多い。もちろん、今あげた選手だけでなくさまざまな局面でこういったワンタッチの、意味がなさそうに見えるパス交換が繰り返される場面があるのですが、これが実はチャンスを生み出す「撒き餌」になっているのです。このパス交換によって、たとえば相手の動きが遅くなり、一歩が遅くなる。この「遊び球」でも、正確にできれば相手の足を止めることができるのです。

頭と技術がなければこれはできない。相手は自分がどうプレーするかを考えるわけですが、相手の考え通りにやってしまっては罠に落ちることになります。

逆に相手の頭をわからなくしたり、罠をつくることができれば、相手を止め、または相手を動かすことでこっちの狙いに持っていける。相手もボールが欲しいわけですから、その前のめりな気持ちを逆に利用してやればいいのです。

瞬時に判断していくうえで「どう蹴るか」の前に「どう止めるか」。つまりトラップの技術も重要になってきます。オーバーヘッドシュートなどできないのにトラップで浮かすといった派手なプレーをしても次が遅くなるだけ。相手にボールを取られず、ドリブルもパスも選択できる場所にきちんと置ければいいのです。

背が高い、走るのが速い、体が強いというのは素晴らしい特長の一つです。しかし、足が遅くたって抜かれない選手だっています。頭と技術を使って、どう自分なりの武器を見つけていくか、どんな武器があるかが「個性」なのだと思います。

こういったことを常に意識できるようになれば、どんな選手も技術が高くなる、自分の三角形がぐんぐん大きくなっていきます。

そして、個人の三角形が揃って大きくなっていけば、チーム全体が大きく強く、そして面白くなっていくのです。

体を動かす技術とは

さて、頭が判断して技術を出すにしても「体」を抜きにはできません。ボールを扱う技術、頭を使う技術に比べて、ただトレーニングをするしかないと思われがちなのが、「体」の技術。ですが、この技術を伸ばすにも工夫はできます。

単純に体が強くなれ、強くなれと足りないものを求めるのではいけません。サッカーに必要な動きを身につけるべきなのです。

そのためには、練習は試合に近いものである必要があります。それどころか試合以上のものを練習でつくっていく必要があると私は考えています。

たとえば、フィジカルトレーニングの中にも、素走りを中心に考えるメニューはありません。基本的には、試合に必要な体の動きやステップワークは、練習の中にすべて含まれており、ラダーなどのフィジカルトレーニングはそのための補助として捉えています。

頭、技術、体すべての技術をセットで上げていく。1つだけ使っても相手を怖がらせることはできない。3つセットでトレーニングに落とし込み、1つがダメでも2つで攻略する癖をつけさせておく。ただ、3つとも向上させるトレーニングを続けていくことで、いくらでも三角形は大きくすることができるのです。

5章　指導者の原点

マラドーナに勝つにはどうするか

私は小さいときから「自分が中心」だと思ってサッカーに取り組んできました。清水市商、ワールドユース代表、筑波大学、日本代表、ドイツ……中心選手なんだからチームを勝たせなきゃいけないと、責任を背負うのが当たり前だと思ってきました。

高校3年生でユース日本代表の一員だった私が、海外に行かないと話にならないなと、「ビビらされたヤツ」がディエゴ・マラドーナです。

1979年8月、日本で開催されたワールドユース選手権。アルゼンチンの主将を務めていたマラドーナは〝神童〟と呼ばれていましたが、大会前、正直マラドーナがどんな選手かも知りませんでした。小柄でぽっちゃりしていて、怖さを感じなかったのです。アルゼンチンと対戦する機会はなかったのですが、試合を生で見て衝撃を受けました。

ドリブルはうまいわ、ボールを取るのもうまいわ、パワーもあるわ。相手はまったく太刀打ちできず、マラドーナにボールを持たせたら最後でした。確か、アルジェリア戦だったと思います。ドリブルで駆けあがってシュートを打つと見せかけてかかとで味方に落として、後ろの選手がシュートを決める場面がありました。これをトップスピードの中でやりきってしまう。私はアルゼンチンのユニホームを見ただけで震え上がるような感覚を覚えたものです。なぜ手と同じように足が使えないのか、私は追求していましたが、マラドーナは手よりも足のほうが凄かったのです。マラドーナの技術を見よう見まねでやってみたのですが、当時の私にはできませんでした。

私はこのマラドーナのいるチームに勝つためにはどうすればよいかを真剣に考えたのですが、出た答えは一つでした。マラドーナに勝つには、ボールを持たせなければいい。自分がずっとボールを持って、取られなければいい。技術は、相手に負けないために磨いているわけではなくて、あくまで勝つためにやっているのです。もちろん100%、ボールを持つことは不可能だとしても、そのパーセンテージが上がっていけばいくほどマラドーナの持つ時間が少なくなるのが道理です。

マラドーナの存在が私のサッカー観の一つを形成しているのかもしれません。

ドイツで確立できた「自分」

「自分に向き合う」「楽しむ」ということを選手に伝えていく、という発想がなぜ私の中に生まれたのか？　風間は現役時代からそんな考え方を持っていたのか？　と思う方もいるでしょう。

サッカー選手とは何か、プロとは何か、自分とどう向き合っていたのか。これらの問いに答えるには、ドイツ・ブンデスリーガでの経験を抜きに語れません。

ドイツで何を学んだのかと聞かれれば、「自分を知った」と答えたいと思います。

大学を卒業した84年5月、私は旧西ドイツ（以下、ドイツ）に渡り、レバークーゼンの入団テストを受けました。二人の外国人枠は韓国のスーパースターだった車範根《チャブンクン》とノルウェー代表選手で埋まっていたため、テストには1日で合格したものの私はその年、レバークーゼンのセカンドチーム（3部）でプレーすることになりました。

セカンドチームの背番号10を与えられ、トップチームの練習にも参加し、来年はトップチームでプレーするぞ、と言われていた私は、まだ、自分に向かっているようで自分に向かっていませんでした。入団テストでは、私のことを敵視している選手たちを、ドリブルで抜きまくったため、私はドイツも大したことない、と舐めてしまったのです。自分からチームや選手たちのことを理解しようとせず、味方が自分を理解すべきだという考え方で、当然、ドイツ語を覚えようともしません。チームで次第に孤立していくのも仕方がない態度だったと思います。

1年経って、どうしようもなくなって酒に逃げる自分がいました。逃げ場所などないのに、前にある道を見ようとせずに後ろを見ていました。そして1年が終わったときに、付き合っていた女性と結婚し、ドイツに来てもらいました。

彼女に「もう逃げ道はないね。ドイツでやるしかないんでしょ！」と、諭されて、初めて本当の覚悟を決められたように思います。ドイツの住民になろうと「頭の中」を変えると、もう後ろを見ることはなくなりました。

ドイツでの2年目、レバークーゼンのトップマネジャーであったフーベルト・シートさんに呼ばれて、3部に所属しているレムシャイトに移籍しました。そのシートさんに真っ先に言われたのが「俺たちドイツ人が日本語を覚えるのと、お前がドイツ語を覚えるのとどっちの効率がいいか」でした。言うまでもなく、私がドイツ語を覚えれば済む話。「言葉を教えてください」とシートさんに協力してもらいました。

自分でドイツ語を使うようになってから、大事なことを学びました。ドイツ語をしゃべれるかどうかは大して重要ではなく、自分の片言のドイツ語でも、懸命に相手に伝えようとすれば、相手に「伝わる」ということです。

もちろんサッカーそのものも、どこで起用されようが、私は全力でやりました。自分に向き合い、自分がうまくなることがチームのためにもなるんだと学べたのです。ここでは全体練習後の居残り練習は禁止でしたが、監督に練習をしたいと自分の言葉で伝えると了承してくれました。そのうえ練習が終わるまで監督は付き合ってくれました。ようやく自分に向き合っているなと、感じることができたのです。

レムシャイト1年目は2位。翌年は右足首のケガで手術を余儀なくされましたが、復帰してからは順調に勝っていき、1位で2部昇格を決めることができました。地元の人が日本語で「偉大な選手。我々の誇り」と書いた横断幕を持ってきてくれて、日の丸を振ってくれたことは本当に感動しました。住民の一人になったと実感できた瞬間であったし、応援してくれるファン、サポーターが私を認めてくれたのだと思うと嬉しくてたまらなかったものです。

この年、妻は長女を身籠りました。ドイツで生きていく。その覚悟が、さらに固まったのです。

懸命に相手に伝えようと思えば、言葉が大してできなくても、必ず伝わる。

「伝える」キャプテン

レムシャイトでは外国人である私がチームに溶け込みやすいようにいろいろと気に掛けてくれた男がいます。カール・ロアというキャプテンです。チームは我の強い選手の集まりでしたが、ロアがうまくまとめていました。チームの結束を高めるために週1回、みんなでボウリングをやったり、クラブに対して勝利給を掛け合ったり、チームのために骨を折る好漢で人望があり、誰もロアには文句を言えませんでした。

ロアはフェアな人間でした。当時、外国人選手は珍しく、ましてや自分は日本人なので壁をつくる選手もいる中、彼は初対面で「英語はできるのか？」と聞いてきて、コミュニケーションを取ろうとしてくれました。

自分とチームメイトが何かしらで言い合ったときに、日本人の気質で思わず「ゴメン！」とドイツ語で言ったことがありました。謝るつもりはなく、丸くおさまるならそう言ったほうがラクだと思ったのでした。ところがロアは間に入ってきて「お前が謝ることはない」と、相手のほうに謝るように促しました。普段は柔和ですが、何か揉め事があると出てきて解決する人でした。

ポジションはディフェンシブハーフ。ピンチの芽を事前に摘むのがうまく、グラウンド内外でこのロアには助けられました。2部に上がった翌年のシーズン。ロアが移籍したことでまとめ役がいなくなり、風呂の栓が抜けたように毎日誰かがケンカしているような状態になり、あらためてロアの偉大さを痛感したものです。

ロアは決しておしゃべりな人ではありませんでしたが、伝え方がうまく、大事なところで大事な一言を伝えるタイプでした。猛者どもを納得させる「伝え方」の術を持っていて、叱り方、触り方に長けていました。人をどう扱っていいかもわかっていました。

レムシャイトはその年結果が出ず、3部に逆戻りすることが決まり、私は2部ながら名門クラブであるブラウンシュバイクに移籍することになりました。

ドイツで小学生から教わったこと

レムシャイト時代、ドイツに行った2年目に、ドイツ語の勉強を兼ねて近所の小学校の子供たちを教えたことがありました。

このとき伝えること、教えることがこんなにも難しいとは、と初めて実感したのです。日本では「好きなポジションでやっていいぞ」と言うと、「じゃあ俺はサイドバックでいいや」などと仲間の実力なども考えながらそれぞれがバランスよく決めることが多いのですが、ドイツではゴールキーパーとフォワードに集中してしまいます。

「フリーキックは誰が蹴るんだ」と聞いたら、キーパー以外全員がボールに群がってくる。そんなにうまくなくても、自己主張がやたらと強いのです。

プレーで見せてやることが大切だと思って、日本でリフティングをすると「凄い」とか「自分もやりたい」となりますが、ドイツの子供たちは「できないよ」と興味を示しません。逆に、長いボールをバチンと蹴ってやると、みんな目を輝かせる。試合でやれる技術に興味を持ったのだと思います。

ドイツの子供たちの好みがわかってきたところで、それならばと、試合で使える技術をいろいろと見せて教えたうえで、ゲーム形式の練習ばかりやらせて、ボールにいっぱい触れる機会をつくってあげる。そんなことをやっているうちに、地域の少し離れた小学校の違う子供たちまで誘い始めて、たくさん来るようになってしまいました。

地元のサッカークラブに入っている子供に「どうして向こうに行かないんだ？」と尋ねたら「こっちのほうが楽しい」というわけです。

そのまま寄せ集めのチームで大会に参加して、勝ち目はないと思われながら好成績を収めたこともありました。で、調子に乗って、子供たちに「将来はレムシャイトでプレーしたいのか」と聞いたら、「いや、バイエルンかミランだ」と返してくるのです。

子供たちと接することでドイツの人たちの考え方、そして伝え方、教え方を学ぶ経験ができたことは、今考えるととても大きく、指導者としての土台になったのかもしれません。

望むことを倍、思え

移籍したブラウンシュバイクではエース格の立場で入ったことで、「1対21」でグラウンドに立つことから始まりました。わかりやすく言うなら、紅白戦をやると味方は自分一人だという感覚。この日本人からレギュラーの座を奪ってやろう、と考えているチームメイトの集まりだったのです。

開幕前の練習試合で左ひざの内側靭帯断裂という大ケガに見舞われ、復帰まで4ヵ月もかかったのですが、練習に復帰したら、みんなが私の左足を狙ってファウルお構いなしで激しい当たりをしてきました。ケンカ腰で文句をつけると、

「ケガが怖けりゃ、サッカーやるな」

と、平然と言ってきます。一度、離脱した者は格好の餌食でしかないのです。そんな状況から練習で歯向かってくる彼らを一人ずつ「カザマには勝てない」と思わせていく。こういうことも、当時の私には「楽しむ」になっていたのです。

監督は82年のスペインW杯で準優勝した西ドイツ代表のメンバー、ウーベ・ラインダース。ミスを許さない人で、シュート練習で外すとよく怒られました。

また、ツヴァイカンプフ（1対1）を重視する人で、リラックスゲームだろうがスライディングタックルを奨励して、逆にアイデアあるプレーに対しては「サーカスはいらない」が口癖で、否定的でした。

ただこの監督は、まさに「人格に触らず、プレーに触る」人でした。だからこそ私も、

試合に出るためには監督の求めるプレーをやるしかありませんでした。もちろん監督が私に対して好きだの嫌いだのという感情はないので、それはそれで正論でしたし、わかりやすい基準だったとも言えます。

そのラインダース監督はよくこう言っていました。

「勝ちたいことを倍、思え。望むことを倍、思え」

私はなるほどと思ったものです。強く望まない限り、サッカーでは、特にドイツでは何も手に入るものはないのだ、と。


勝ちたいことを倍、思え。望むことを倍、思え。

どんなプラスアルファを出せるか

当時のブンデスリーガ、つまり西ドイツのサッカーは後ろの守備から考えていました。攻撃のタレントであっても自分の責任（守備）をまっとうしてから前に行けとのスタンスで、相手にやらせないところから始まるのです。私もレバークーゼンの3部チームでやっていたときは、ウイングバックとして90分間相手について走っているだけ、という試合も経験しました。ボールも3回しか触っていないのに、監督からは「今日のお前は素晴らしかった」と評価されたものです。仕事と割りきればラクだが、それでは与えられた仕事をまっとうしただけにすぎません。

自分がここにいる意味を思えば、プラスアルファを出していくことが大切だと考えました。レムシャイトやブラウンシュバイクでも、責任を果たしたうえで自分を出していけば文句は言われません。一番の活躍を見せてマンオブザマッチに選ばれたら、新聞も大きな見出しをつけて報じてくれる。そうするとチームからも信頼されるようになる。アイツは与えられた仕事だけじゃなく、チームが勝つためのプラスアルファをやるヤツだ、と。

言われたことは絶対で、水を漏らさないようにやる。そのうえで自分のプラスアルファを出していく。簡単ではないものの、チャレンジすることを私は楽しんでいました。楽しんでいたからこそ、まったく苦にならなかったのです。

ドイツのメディアは良いものは良い、悪いものは悪いとはっきり書く。私もいい活躍をすれば「こんなにいい選手はいない」と褒めちぎられる一方で、出来が悪かったら「こんなに悪い選手はいない」と叩かれます。そんなメディアの厳しい目も大きなモチベーションになりました。

チームメイトから学んだ「聞く」「知る」の面白さ

ドイツでは本当にいろんなことを学ばせてもらいました。環境や監督のみならず、チームメイトからも。

ブラウンシュバイクには私と同じゲームメーカーのティノ・ロッフェルという23歳の選手がいました。当時27歳の私より年下ではあったものの、いろんなチームを渡り歩いてきた経験を持っていました。

そんな彼に「どの監督が一番良かった？」と聞いたらこんな答えが返ってきました。

「誰が良かったかって一概には言えない。自分が出られたか出られなかったかという私情も入っているから。だけどどの監督からも何か一つは必ず盗んできたよ」

確かに自分でも振り返ってみると、どんな監督からも学ぶことはありました。「伝える」大事さを感じていたつもりではありますが、「聞く」「知る」作業も同じように大切だと思えたものです。

もう一つ、チームメイトからの言葉で「うまいこと言うんだな」と変に感心させられたことがあります。

レムシャイトで旧ユーゴスラビア出身の選手、西ドイツのU－21代表と3人で一緒に朝食を取っていたときのこと。キャプテンのロアがいなくなって選手同士の衝突が絶えない時期で、U－21代表選手のほうが、「いがみ合ってサッカーするなんて楽しくない」と言い出しました。私もそうだと思って同調したのですが、ユーゴスラビア人は鼻で笑ってこう言いました。

「仲良くサッカーやるなら50歳過ぎてからで十分だ。いがみ合っている今はヒジ打ちしたって足を踏んづけたって、何も言われないんだぞ。そっちのほうが今は楽しい」

なるほど、それもそうだなと私は思い直しました。

今しかできないことを楽しむという発想。このユーゴスラビア出身の選手はテクニシャンでレバークーゼン時代はプレーでボールに触らせてもらえなかった印象があります。どんな環境でも楽しむことを見出せるからこそ、彼はうまくなってきたんだなと感じることができたのです。

どうしても日本人は周りと「仲良くしなきゃいけない」と考えがちですが、仕事上でのコミュニケーションが取れていて、自分がどういうプレーヤーでどういう考え方を持っているのかが相手に伝わっていれば、別に仲良くしなくたっていい。グラウンド上でしっかりやればいいだけのことです。ドイツ人やドイツに集まってきた外国人も仲良くすることを特に望んでいる人はいませんでした。不思議なもので、仲良くする必要を感じなければ、逆に嫌う必要がない人を嫌わなくてもいいのです。そして、いがみ合っているからサッカーを嫌いになってしまっているようでは、まさに本末転倒なのです。

プロのサッカー選手として自立し、監督の要求をこなしつつ自分なりの武器を見つけて生きていく。そのためには目、耳、口のすべてを働かせて、見て、聞いて、伝えることで自分というものを磨いていくしかありません。

現役時代にドイツで得た財産。それは指導者となってからも非常に活きています。

バクスターの伝え方

ドイツから日本に戻り、Jリーグの開幕時にサンフレッチェ広島で指導を受けたのが英国人監督、スチュワート・バクスターです。

サンフレッチェでプレーしていた頃、私はバクスターに対して英語ではなくできるだけ日本語を覚えてほしいとリクエストしたことがあります。これはドイツで私がドイツ語を覚えようとしたのと同じことで、監督に日本語を覚えてもらったほうが早いと考えたからです。それでも最初は、バクスターが連れてきたコーチとスウェーデン語で話していたので、日本人のコーチに「何を言われているのかわからない」と抗議して、もう一度、自分の口でバクスターに要求したら「悪かった」と謝ってきました。そこからは彼なりに勉強して日本語で伝えようとしてくれたのです。

二人でちょっと込み入った話をする際はドイツ語での会話もありましたが、若い選手に対してわかりやすく丁寧に説明することが上手な監督でした。

たとえば、選手たちを呼んで目をつぶらせ、バクスターが自分の体を叩き、頭の音なのか、胸の音なのか、それとも足なのか、叩いた場所を当てさせるということをよくやっていました。

何てことはない話なのですが、「正解だ。いいかそれが集中力というものだ」と言われると、若い選手たちはバクスターの言葉にじっと聞き入るようになるのです。

「起こったミスは仕方がない。それでもやり続けることが大切だ」

そう言うと若い選手たちは悩みを捨てたかのように伸び伸びとやります。言葉の伝え方一つでこうも違ってくるのかと思ったものです。

しかしバクスターからは「カザマは100％の力を出さなくていいから、チームのバランスを取りながらレベルを合わせてやってほしい」と言われていました。もちろん、若い選手たちに合わせたチームづくりをどうするのか、実感として持つことができたことも事実。私や旧チェコスロバキア代表だったイワン・ハシェクら、キャリアのある選手たちを上手に扱いながらやっていたとは思います。

サンフレッチェでベルギーのチームと試合をした際、相手の若い選手にボールを取られたことがありました。カッとした私は熱くなってプレーしていたら、また同じ選手にボールを取られてしまいました。すかさずバクスターはこう言ってきました。

「強い選手は1回やられると2倍にして返そうとする。もう1回やられたら4倍で返そうとする。カザマのようにキャプテンでキャリアがあっても、こういうことが起こる。常に冷静でいてくれ」

わかりやすく、かつ、言いたいことが伝わってきて、確かにそうだなと思えたものです。そういったいろんな経験をしてきたから、選手に言えることも多くなります。思えばどんな経験にも無駄なことなど一つもないのです。

バクスターは褒め上手な人でもありました。試合中にゴール前に飛び出すプレーは、低めの中盤だった私はあまりしませんでしたが、練習で見本を見せると「ナイスプレー！」と言って拍手するのです。褒められて嫌な気持ちになる人はいません。そうやってうまく選手を鼓舞していました。

ケガ防止も技術の一つ

私の現役時代はケガとの闘いでした。まずレムシャイトの2年目、右足首を手術したのが初めての大きなケガ。続いてブラウンシュバイクでは左ひざの内側靭帯断裂で手術を余儀なくされました。さらにサンフレッチェでもひざ痛に悩まされ、退団してレムシャイトに戻る際も右ひざの半月板除去手術を施しています。

ドイツのスポーツ医療はかなり進んでいて、すべての部位の対処法についてのマニュアルがありました。手術したところは基本的に手術前よりも明らかに強くなるのです。「サイボーグになって復帰できるんだな」というぐらいの驚きがありました。

手術後は朝から夜までリハビリ漬け。回復の段階で専門的な担当が交代していくシステムで、ほぼ見立て通りの期間で元の状態以上にしてくれました。

リハビリに専念するためにホテル住まいとなると、サッカーがやれないストレスもたまってきます。そこはクラブも考えてくれていて、ホテルにバーを用意してくれてアルコールもＯＫなのです。精神的にリラックスさせることも忘れない。非常に合理的で先進的な発想が昔からあったのです。

サンフレッチェ時代にお世話になったのが、トレーナーの西本直さんで、結局、私が「体」について一番教わったのがこの西本さんだったと思います。

たとえばマッサージしてもらっているときに私が話しかけると「しゃべるな、もっと自分の体を感じろ」と言われたことがあります。意識を集中させると、確かに体内に血が通っている感覚を得ることができる。ケガと上手に付き合っていく体づくりは西本さんの言葉が、いろいろと参考になったのです。

自分の体は、誰よりも自分が一番わかる。トレーナーに任せるのではなく、自分の体を知って自分で対処していくのが基本です。体の仕組みについて勉強するとともに、体の強靭化とケガの予防は自分なりに追求してきました。

ドイツに渡って最初にレバークーゼンで練習した際、私がバンバンと速い腹筋運動をしていたのに対して、みんなはゆっくり時間をかけてやっていた。ベンチプレス一つとっても、それまで「一番重いものを持て、一番速いものをやれ」と教えられていた私ですが、ドイツ人は、ゆっくり持ち上げることですべての筋肉をうまく動かしている。あるときレバークーゼンの監督で、日本サッカーの父と呼ばれたデットマール・クラマーさんが「誰が一番、重いものを持ち上げられるかベンチプレスの競争をやろう」と言ってみんなを集めました。私は80キロ以上になると無理で、チームのゴールキーパーが180キロを挙げて驚いたことを覚えています。

日本人と欧州人の違いで片付けずに、「体を動かす技術」を高めなければならないと実感をすることができました。同時に体格のいい欧州の選手に勝たなければならないのなら、単純に同じ土俵で戦うのではなく、技術、頭に加えて体を動かす技術を引き上げていく必要があることにも気づかされたのです。

お父さんが楽しそうだ

サンフレッチェ広島で、94年の第1ステージで優勝してチャンピオンシップに出場できたのですが、96年1月に退団して、再びドイツのレムシャイトでプレーすることを選びました。

なぜ30代の半ばで6年間プレーしてきた日本からまた離れようと思ったのか。それは自分自身、目が遅くなってきているなと感じたからです。プロとしてもう一度高いレベルを見たいと思いました。そしてもっとサッカーを楽しみたい。その気持ちをぶつけるには、もう一度ドイツに行く必要があると思い、妻、二人の娘、二人の息子たち6人でドイツに渡ることにしました。

ドイツに戻って家族に言われたことは今でも忘れられません。

「お父さんが楽しそうだ」

と。プレー先に選んだのは、古巣のレムシャイト。当時は3部リーグでした。そこで最後の現役生活だと思って、好きなサッカーを悔いなくやろうとしたのです。

この2度目のレムシャイトで、私はプレーしながら指導者の勉強もスタートさせました。指導者の目線を持つと、今まで選手として常識だと思っていたことも、「ちょっと待てよ、違うんじゃないか」と疑うようになったのです。

ドイツではまず守備の役割をこなしたうえで自分を出さなければならないというのは、先ほども説明した1度目のドイツ生活と変わっていませんでした。それまでは押さえつけてでもチームの一員として選手に役割をやらせるのが監督の仕事だと捉えていたのですが、「お父さんが楽しそうだ」と言われてみて、果たして、楽しくないことをやるのが本当にチームにとって良いことなのかと思い直したのです。

楽しんでいるから、苦しいことも努力とも思わずにできる、ならば楽しんでやれる状況をつくることが必要なんじゃないかと考えるようになったのです。

世界の「止める」「蹴る」「外す」

現役を引退すると、幸いなことに欧州での経験も長いことから、テレビでサッカーの解説を頼まれることが増えました。この時期はとにかく海外のサッカーをよく見ており、たとえば欧州チャンピオンズリーグの解説などで現地に行かせてもらう機会が増えました。有難かったのは取材で練習を見学できたことで、この経験が指導者として大変な蓄積になっています。

たとえばマンチェスター・ユナイテッドなら、ウェイン・ルーニーが相手を外した瞬間に、ポール・スコールズのパスが出てくる。出し手と受け手の連係で相手を攻略するという場面を見て、「やっぱりそうだよな」という実感に変わっていく。

バルセロナでは、練習からアンドレス・イニエスタがとにかく「止める、蹴る」にこだわっていました。そして「外す」のも大変うまい。あの小さい体でどうやって生き抜くかを考えながらトレーニングをやってきたからこそ、あれほどの個性を身につけることができたのでしょう。そのイニエスタを筆頭に、バルセロナの選手たちは、サッカーグラウンドの横幅に近い40メートルから50メートルの距離で、インサイドキックの練習をバンバンやっていました。それもパススピードがかなり速く、とても正確です。そんな距離でインサイドキックをしっかり蹴れる選手は日本にどれくらいいるでしょうか。インサイドキックの重要性、これも自分がやってきたことなので、すっと腑に落ちました。

解説の仕事で見た欧州のトップにいる選手たちは体が速い、強いというよりとにかくうまかった。技術の質が高かった。止める、蹴る、相手を外す。自分のやってきたこと、見えてきたことは現代のサッカーにおいても大事なことなのだとあらためて知る思いがしたのです。

メディアを経験してさらに良かったなと思えるのは、一般の人にもどうやったら伝わるかを学べたことであり、メディアの影響力が大きいことを実感できたことです。

初めてプロのチームの監督となったフロンターレの練習初日には多くのメディアが駆けつけてくれたのですが、私はグラウンドの前にカメラを並べてもらいました。メディアの方々にもこれからやるサッカーを見てほしかったというのが一つ。あとは難しい環境の中でも、選手には集中してプレーしてもらいたかったという意図もありました。これはほとんどやらないことですが、お互いが違う目線でお互いを見る、という刺激を与えたいと思いました。

「伝えない」原点は桐蔭横浜大学監督時代に

解説の仕事と並行して、98年から桐蔭横浜大学サッカー部で私は初めて監督になりました。このチームは、まさに大学サッカーにおける『がんばれ！ベアーズ』状態でしたが、このチームで私は「伝えない」ことの重要性を知ったのです。

私が監督になったときの桐蔭横浜大学は、まだ1年生と同好会の選手だけでチームを立ち上げたばかりで、神奈川県大学サッカーリーグ2部からのスタートでした。部員は最初5人しかいません。そこから1年生が入ってきて16人のチームとなったのですが、練習の日を決めようとしても学生たちが「バイトがあるのでその日は行けません」と言うほどで、集まれる日も限られていて、一番初めに中学生と練習試合をやったら0対1で負けてしまいました。

そのあと、私は1ヵ月間、指導をしませんでした。サッカー部のクラブハウスに来ても、自分の仕事だけやって帰り続けました。1ヵ月くらい経って、ようやく選手全員が私のところにやってきて、「サッカーをやりたいんです」と言いました。

私は、「待ってたよ。本当のやる気がないと始められない」と、そこで初めて指導を始めたのです。選手たちと話し、「うまくなりたいんです」「サッカーで飯を食いたい、プロになりたいんです」という、選手たちの望みを聞き、「伝えること」をようやく始めたのです。

ここでも徹底的に個人技術を磨かせました。全体練習が終わっても、サッカーの基本中の基本である「止める、蹴る」を一人ずつ捕まえては、やらせました。「うまくなりたい」と思う気持ちがあって、自分に向き合っていれば必ずうまくなる。あのときは私も30代後半だったから体も動いたし、人が足りないから練習試合の3本目に自分も出て、実際にプレーしながら目で覚えさせました。

それが開幕の1ヵ月半前のこと。そこから「頭の中」を変えたチームは神奈川県大学サッカーリーグ2部でその年一度も負けることはなく優勝して県の1部に昇格しました。その後、99年は1部で2位、2000年、02年に優勝を果たすことができたのです。

指導を始めた頃の学生たちの食事を観察していると、一日でコンビニのお稲荷さん2個とみそ汁しか食べていないなどという選手もいて、あまりにも食が細かった。学生を8人ぐらい連れて焼き肉を食べに行っても、1万円もかからないほどでした。筋肉をつくる栄養分もとっていないのに、筋力トレーニングをしたって効果があるわけがありません。

私は知り合いの居酒屋に頼んで、毎日そこでランチを食べさせるようにしました。サラダも料理もご飯もすべて大盛り。最初はあまりの量の多さに、無理矢理詰め込んでも店の前にある川に吐いてしまうような選手もいました。でも鍛えれば胃も丈夫になります。格安の500円ランチを提供してくれた居酒屋の亭主のご厚意に報いるように、選手たちが毎日頑張って食べていたら、みんな次第に、いい体つきになっていきました。

1年後、例の焼き肉屋に同じ人数ぐらいで行ったら8万円もかかってしまいましたが、それもいい思い出です。うまくなるには、体も強く、しっかりと栄養もとらなければならない。もちろん、そんなことは「もっと食べろ」と強制しても、続くわけがありません。食べることだって、自分で望まなければできません。

自分で望まなければ、何も始まらないのです。自分で望むようにさせるのに、「伝えない」「伝える」の選び方はとても大切だと思います。

桐蔭横浜大学の選手たちも、グラウンド上でもグラウンド外でも、「頭の中」が変わったからこそ、自分たちの望みがかなうようになっていったわけです。

桐蔭横浜大学は、04年八城修が監督に就任したあと、06年に関東大学サッカーリーグ2部に昇格、13年からは、ずっと1部で頑張っていて、16年には全国3位にもなりました。大変感慨深いものがあります。


自分で望まなければ、何も始まらない。

自分で望むようにさせるのに、「伝えない」のも大切。

筑波の選手に「俺の言うことは聞くな」

桐蔭横浜大学サッカー部監督退任後、私は指導者としてS級資格を取るため、再びドイツのレバークーゼンに行き、また地元の清水では、小学生から高校生までを対象に「スペトレ」という、個人の技術を前面に出し未来のプロ選手を育成するプロジェクトを始めたりしました。その後、08年に就任した母校の筑波大蹴球部監督時代に、「伝える」ことを重視する自分の指導法は固まったと言えるのかもしれません。

学生たちによく言ったのが「俺の言うことは聞くな」でした。とにかく「自分で考える選手」にならないとうまくなりません。日本の学生はワンタッチパスをしなさいと言うと、そればかりやってしまう選手が多い。だからゲーム形式の練習ではワンタッチでもツータッチでも規制せず、フリータッチのものを多くしました。

「やるのはお前らだから、うまくやればいいんだ」とだけ言うのです。そうするとみんな考えてやるようになる。もちろん、のちのプロと同じように、「速いものから見ろ、遠いものから見ろ」という考え方は仕込んでおきます。ワンタッチで考えていれば、ツータッチはできる。蹴る距離が50メートルあって、50メートル先を見ることができたら50メートル以内はどこでも蹴ることができる。ヒントを与えたうえでとにかく考えさせました。

そうすれば、うまく見ることができなかった学生でも、狭いところでプレーしていても自分で狭いと感じないプレーがどんどん出てくるのです。そうなると上達も早い。「俺はこうやるけど、違うプレーをやって驚かせてくれ」と言うと、学生たちも楽しんでやるようになるのです。

今の若い人はだいたい「ここにあるものを食べちゃだめだ」と言うと食べません。でも私たちが若い頃は、「別に大丈夫だろう」と言って食べていたと思います。

昔はどうやったら自由になれるかばかりを考えてきたのですが、逆に今の若い人たちは自由を与えると困った顔になってしまうのです。自由というのは自分をコントロールすること。コントロールする力を生み出すには、やはり自分で考えることをしていかないといけません。サッカーは戦いであり、騙し合いでもありますから、勝つためには、自分を見失ってはいけません。コントロールを身につけさせるというのはとても大切なことでした。

そして、トライしたミスに対しては怒らないが、やれるのにやらなかった場合のミスに対しては激しく怒りました。

失敗が怖くてビクビクしてプレーすると絶対に失敗するものです。「やってやろう」と思えばミスはしない。ミスをしても次に成功したら、ミスはミスでなくなる。そういった意味では学生に伝えたことも、その後、フロンターレ、そしてグランパスの選手に伝えたことも同じだと言えるでしょう。

６章　伝えるために言葉を砕く

「自分たちを信じよう」は受け身になってしまう言葉

「伝えない」ことから始めたフロンターレでは、２０１２年の就任1年目は結局Jリーグで8位、就任してからは11勝9敗7分け、27試合で得点43、失点42という成績でした。

グランパスの1年目も、2位以内に入ってラクにJ１自動昇格を決めるという結果にはなりませんでした。

フロンターレでも、グランパスでも、「サッカーを変えたい」と期待されて、私は監督になりました。もちろんクラブも目先の勝ち負けにとらわれない覚悟は固めていたはずです。

それでも、目に見える結果が出ないと、いろいろな声がクラブには聞こえてくるものです。グランパスでもフロンターレでも、私は「解任危機」をメディアやネットで取りざたされたことがあります。

グランパスでは、6月に昇格プレーオフ進出圏外の8位に落ち、7月も負け越した頃。フロンターレでは、就任2年目の13年シーズンに開幕から6試合勝てなかったときです(3分け3敗)。順位は16位まで落ち、周りも騒ぎ始めていたことは感じていました。

フロンターレでもグランパスでも「解任」が取りざたされたときというのは、どちらも、チームづくりに手ごたえを感じ始めたタイミングでした。

どちらのときも、個々の選手がそれぞれどんどんうまくなってきているのがわかっていました。個の力が全体で上がっているというのは、すなわちチーム全体の力が上昇していることと同じなのですが、前にも言ったように結果は保証できません。

継続と刺激の毎日を繰り返して選手たちが伸びていれば、たとえ今は結果が出ていなくても、何かを変える必要性はありません。負けが込んできたとき、

「大丈夫。自分たちを信じよう」

などと口にしがちですが、このように言っても選手に何かを「伝える」のは難しい。むしろ自己防衛の言葉、受け身になってしまう言葉で、逆効果になる可能性があります。

結果が出ないとき、選手たちに言ったのは、

「うまくなればいいだけだから」

「責任は俺が取るから」

というこの2点だけでした。

サッカーという競技は、番狂わせが起きやすいし、いくら相手を圧倒していて、内容も素晴らしくても負けてしまうことのある競技です。目標設定を間違えると、つい、「人のせい、物のせい」にしたくなってしまうものです。

たとえば自分にパスが回ってこず、点を取れなくて負けたとします。

もし「パスをくれないから……」と、人のせいにしていたら、その選手は伸びません。少なくとも自分がもっとうまくなっていれば味方から引き出すパスも違ったかもしれない。そう考えて、翌日の練習で、やれなかったことを意識できるかどうかなのです。

フロンターレの監督解任危機のとき、前向きな雰囲気がチームにありました。たとえば大久保は「自分が点を取ればいい」と話していたし、中村憲剛も「もっとうまくやれる」と言っていました。中心選手の強い気持ちは、チームの隅々にまで伝染していくもので、選手たちのこういった言葉はもちろんですが、それよりも試合後や次に練習に出てきたときの表情を見て、「彼らなら大丈夫だ」と思ったものです。

グランパスでは、もし「J1復帰!」を目標にしていたら、6月、7月など、前向きになれなかったかもしれません。選手が、負けを「人のせい、物のせい」にしていたかもしれません。

ですが、私が常に言っていたのは、一つずつ積み重ねてチームをうまく強くしていくということ。もし、「J1に1年で復帰しよう!」と常々言っていたら、たとえば、2位と何ゲーム差とか、目に見えない壁をつくって、選手がそれを意識してしまう。負けが続くと内容よりも結果を気にして、後ろ向きになりかねません。それは本当に意識して口にしませんでした。

付け加えるなら、本来、グラウンドだけではいろんなものを成し遂げることはできません。要するに、クラブがまず目標を掲げて、グラウンドがそれに答える、ということ。その目標を達成するために、お互いが同じものを見て前に進んでいけるかどうかが重要です。一方の主張ともう一方の主張が違ってしまっては、それは困難になります。

昨シーズンのグランパスが一つの目標を達成できたのは、小西工己社長を中心に、しっかりとした目標のもとに一年通してチームをつくっていく、強くしていくことができたからでした。そしてファン・サポーターがそれを後押ししてくれた結果、昇格プレーオフ決勝の一体となった豊田スタジアムが生まれたのだと思います。ぶれなかったのはグラウンドだけではなく、このクラブ全体でした。クラブが何を望むか、クラブとグラウンドが一つのものを見ることができるか、そしてファン・サポーターがそれを一緒に楽しんでいけるか。その3つが揃ったチームが自分達の哲学をつくることができるように思います。

「人のせい、物のせい」にしないで済む、前向きでいられる目標を伝えよう。

優位に立てる言葉で「伝える」

「解任」の話が出たどちらの時期も、チームづくりはすでに次の段階に入っていました。「伝えない」よりも「伝えていく」ほうが「伝わる」という段階です。

だからこそ何を伝えるか、どんな言葉を選ぶかは慎重にしなければなりません。「頭の中」を変えていこうとしているとき、一つ言い方を間違えるだけで選手の自分に対する向かい方は変わってしまうものです。

そもそも「ボールを失うな」と伝えてきて、常に優位に立つことを目指してきました。こちらがボールを持てるようになれば、カウンターを狙ってくるチームが増えてきます。しかし私から言わせれば、〝カウンター攻撃〟というものはないのです。カウンター攻撃というのは、相手が起こしているのではなく、あくまでこちらがミスをして発生させているものにすぎないのです。

こういった考え方を、すべての事象においてできるようになっていけばいいのです。そうすれば発生している事象がなぜ起こっているかを理解し、自分のやるべきことがはっきりと見えてくるわけです。

試合のミーティングでも、相手のことを意識させていいレベルになってくるのですが、たとえば相手のセンターバック2枚が両方とも空中戦に強いタイプだとします。

こういうときに私は、

「彼らはヘディングが強いぞ」

という言い方はしません。こういう言い方をしていると、常に自分たちが優位に立つスタンスではなくなってしまうからです。

もし、それに言及するならば、私は、

「お前たちなら、十分センターバックの足元を抜いていける。徹底的にそこを攻めてやれ」

と伝えます。言い方一つでまったく違ってくるのです。

常にボールを自分たちが持っている前提で、優位に立っている前提で言葉を発するように伝えていくことを心掛けているのです。

> 受け身になるような言葉ではなく、
> 優位に立てる言葉で、伝えることを意識する。

常識と思われている言葉を砕く

もちろんこういった言い方もさることながら、何より発する言葉自体に細心の注意を払わなければならないでしょう。

まず、言葉でしっかり伝えたい場合、抽象的なものはいりません。選手に伝わりにくく、またいろんな解釈ができてしまう言葉は適切ではないと考えているのです。はっきりとしっかりと伝わるように「言葉を砕く」必要があります。

「言葉を砕く」ということを、いくつか例をあげて説明してみましょう。

よく、「相手のマークを外せ」「動いてフリーになれ」「フリーの選手にパスを出せ」と要求する監督がいます。ちょっと聞くとサッカーのもっとも常識的な指示のようですが、本当にそうでしょうか?

マークを外してフリーになっているというのは、どういう状況でしょう。たとえばフォワード(FW)が、ディフェンダー(DF)からどれくらい離れていたらフリーなのでしょう?　FWがフリーだと思っている状態と、パスを出す人間からフリーに見える状態は同じなのでしょうか?　サッカーでよくあるのは、FWが「フリーなのにパスが出てこない」と怒るケース。「フリーという状態」の定義が、選手間でバラバラなのです。もちろん、プロの世界ですから、誰が見ても相手が近くにいない「フリー」な状況が、わからないケースはありません。私が言っているのは、もっとギリギリの状態です。漠然と見ているとFWのすぐそばにDFがいる、マークがついていれば、「フリー」とは思わない場合が多いでしょうが、それでも実は「フリー」であることが多いのです。

「フリー」とは何か？　これはボールを持つほうと、受けるほうの認識が一致していなければいけません。もちろん認識で一致したうえで、試合の局面、局面で「フリー」であることが見抜けなければいけません。これが私がよく言う「目を合わせる」ということです。

こうなるための第一歩として私は、「マークを外せ、フリーに出せ」とは言わずに、

「一歩に出せ」

という言い方をします。

選手たちはただマークを外せと言われても、どう外していいかがわからない。外し方をわかりやすく伝えるために、「一歩に出せ」という言い方をするのです。

マークを外したい対象はもちろん相手チームの人間です。人間の体というのは、足を浮かせて踏み出そうとする方向にその足を突いて、重心がかかったら、他の方向には動けなくなります。これは世界的なＤＦだろうと、どんな選手でも変わらない大原則です。

つまり相手の一歩は、重心の変更が利かない一歩。パスの受け手、パスの出し手の二人がこのタイミングを見て、絶対に動けない方向を把握して、そこに受け手が動いて、出し手がパスすれば、マークを外せることになります。

だから私は「マークを外せ」とは言わず、「一歩に出せ」と伝えれば、抽象的ではなく

なります。相手の一歩とは約1メートル。つまり1メートルあれば、相手を外せるということです。

フロンターレでもグランパスでも、練習中、あるいはミーティングで映像を見ている最中に、「フリー、フリー」という言葉がどんどん飛び交うようになっていきました。これは選手の目がどんどん揃ってきている証拠で、相手にボールも体も触らせない攻撃ができていくのです。

「遠いものから、速いものから見ろ」

「よく、周りを見ろ！」

というのも、サッカーではしばしば使われる指示です。

もちろん、サッカーは「見る」ことが大切です。ただし、漠然と、ただ「見ろ」と指示しても選手たちはどこをどのように見ればいいか、わかったようでよくわからないと思います。「周りをよく見る」ために、パスを受ける前に後ろを見たり、顔を上げてドリブルをしたり、という練習はそれこそ小学生から、見る癖をつけるためにやっている練習です。

でも首を振ったり、頭を上げていても、見るべきものが見えていない選手がたくさんいます。最初は、「フリーかフリーでないか」すら見えていない選手が多いのです。

これまでも何度か言及していますが、私が「見ろ」と言うときには、「できるだけ遠いところを見よう」「速く動いているものを見よう」と言います。

理論はこうです。できるだけ遠いところが見えていれば、それより近いものは見えてくる。たとえばディフェンダーであれば、センターフォワードの動きや、フリーになれそうかどうかまで見えてくれれば、言うまでもなく中盤の選手たちのこともよく見えるようになるのです。

速さに関しても同様で、ワンタッチの速いプレーが見えていれば、それよりも遅いツータッチ、スリータッチも見える。逆にツータッチから見てしまうと、それよりも速いスピードのワンタッチに変更が利きにくい。遠いものから、速いものからを、見るときは意識すべきなのです。

もちろん、たとえばパスを出す場合、ボールを持っている選手が「見える」のは、自分が正確にボールを蹴れる距離にいる相手だと思います。

同じように、「速いものが見える」のは、その速い相手に正確にパスを出せる正確な技術がある「速さ」までだと思います。

私が「見ること」を、「止める」「蹴る」「運ぶ」という基本技術の次の段階として重視しているのは、すなわち見ることが「目の判断スピード」と言い換えることもできるからです。「周りを見ろ」ではなく、「遠くを見ろ」「速いものを見ろ」と言うのは、判断のスピードが上がるからです。

さらに言っておくと、もし練習や試合で見えていなければ、ボールを一度近くの味方に渡してから、ボールが動いている間に見直せばいいのです。

ワンタッチでボールを動かす練習をやるとしても、ワンタッチでやることが目的になったら、そこに判断がなくなるために意味を持ちません。習いごとではないということです。「遠いものから、速いものから見る」ができれば、その中から遠く、近く、ワンタッチ、ツータッチ、スリータッチを自分自身で選択できるようになるのです。

「ハードワークしろ！」の限界

「ハードワークしろ！」という指示は「たくさん走れ！　激しく当たれ」というふうに選手には捉えられがちですが、単に走れば、誰でも疲れてしまいます。体がやることですから、ハードワークにも限界があります。

私の言う「ハードワーク」というのは意味が違います。ただ走ればいいということではなく、まず最初に見ること。そして情報をいかに取り入れるかということ。そして情報をできるだけ速く処理するために、頭の中を動かすこと。その次に技術を正確にやり続けるということです。これが本当のハードワークですが、あと一つ重要なことがあります。

それは声を出すことです。意外に思えるかもしれませんが、自分が見えていることを声に出すことを私は求めます。声を出すことで、仲間の目になることもできますから、チーム全体の目にもなれるわけです。

見る、頭を動かす、技術を正確にやり続ける、そして声を出す。これを練習でも試合でもやり続ける、これが私の求めるハードワークで、たくさん走るだけよりも、もちろんはるかに頭が疲れるはずですが、前にも少し書きましたが、体だけのハードワークより、頭も含めたハードワークのほうが限界はありません。

流行りの外国語は使わない

サッカーには、この「ハードワーク」のように、欧州や南米から持ち込まれる外国語が多く、一見、新しく感じるので、スッと心に入ってきやすく流行する言葉が多いものです。ただし、言葉を砕かないと伝わらないものや、砕いても意味のないものも多いので、私は安易に使わないように気を遣っています。

たとえば「バイタルエリア」。

どうもペナルティエリア外で、ディフェンスラインと、ミッドフィルダーとの間のことを指していることが多そうです。

ただしもともとの言葉の意味で言うと、戦闘が始まる場所、つまり攻めている側から言えばゴールにつながりそうなパスが多く出る場所を指すようです。だとすればチームによっても、あるいは試合によっても範囲は変わるわけです。もとの意味に沿えば、私の考える「バイタルエリア」の範囲は広大です。選手によっても考える範囲はきっとマチマチでしょう。解釈が違うのですから「バイタルエリアを使え」「バイタルエリアに選手が入ったら誰かつけ！」と言っても、正しくは伝わらないですし、わざわざ言葉を砕く必要も感じません。伝えるときに使わない言葉の代表です。

同じく私が使わないのが、「ポゼッション」です。よく私のサッカーは「ポゼッションサッカー」「ポゼッションを大切にする」と言われますが、自分から「ポゼッション」という言葉を使ったことは一度もないと思います。この言葉も、「ボールをつないで、大切にするサッカー」という感じの解釈を選手もしています。なんとなく、常識になっていますが、実は定義ができていない言葉です。

ですから、「ポゼッションを高めよう！」などと伝えてしまうと、とにかくボールをつなぐ、逃げるためのパスでもいいから、というプレーが出てしまいます。その結果、「ポゼッション率が高ければ、それがいいサッカー」と、ゴールを奪う手段のはずがポゼッションが目的化してしまいかねません。

答えより式を重視してしまい、たとえばわざと相手に持たせるとか、ここは相手の裏に長いパスを出して勝負するとか、自分で自由な発想をすることができなくなるのです。

「デュエル」ってなんだ？

「デュエル」もそうです。日本代表のヴァイド・ハリルホジッチ監督がよく使っている言葉で、その明確な定義はわからないのですが、私がドイツでプレーしていた頃もよく聞いていた「ツヴァイカンプフ」というドイツ語に意味が似ているのかもしれません。

当時プレーしながら、私は「ツヴァイカンプフ」とは、1対1の戦いにおける責任のことだと理解していました。ドイツでは、1対1は負けない、から入るのが当たり前。勝つというよりも、絶対に負けない。日本では、ボールを競り合って触ることができたら、もしボールが相手のほうに転がってしまっても「ナイストライ！」と言われることがあります。でもドイツでは、「なんて弱いやつだ」と言われる。

そういう意味での、1対1の戦いにおける、責任なのです。全選手がこの意味合いを理解したうえで戦っていたと思います。

サッカーというのは常に進化していくもので、そういった言葉の意味合いも、チームによって、時代によっても変わってくるものだと思います。だからこそ、自分たちでしっかりした考え方、指標、戦い方を明確に打ち出す必要があります。

私の「サイド」の解釈も、よく「サイドから攻めろ！」と言って使われるものとは違います。一般的にサイドというとタッチラインぎりぎりまでが範囲に入ってきますが、私からすればそれは「大外」。サイドはあくまでペナルティエリアの横幅ぐらいになります。

言葉の意味を具体化、限定することで、選手にもより伝わりやすくなります。私の考え方では、大外から大外に送るのがサイドチェンジではありません。限定したエリアでやるのが、サイドチェンジなのです。

同じように、「チャレンジ&カバー」という言葉も私は使いません。1対1でボールを取られない個人戦術について口酸っぱく言っているのに、ここで組織戦術を私が語れば選手の逃げ道をつくりかねません。サッカー用語だからといって、安易に使ってはいけないものが多くあるのです。自分たちに適している言葉かどうか、外国語が選手たちにどう伝わるかまで考えなければならないのです。

(※編集部注：風間監督があまり外国語を使わないことについては、グランパスのゴールキーパー（GK)、楢崎正剛の地元紙でのコラムがあるので、引用しておく。

《風間監督は難しい専門用語や横文字を使わない。ミーティングで使うホワイトボードに書かれるのは、

「矢印（パス）を出させない」、「先取り（ボールが来る前の準備を）しておこう」などの日本語ばかり。専門性を高度に語れば「モダン」とか「先端的」と思われがちだが、難解なプロの駆け引きをかみ砕いて平易な言葉で表現できるのは、本質を知る指導者ならではの芸当だ。その監督の言葉や方向性に魂を入れるのが僕たち選手の仕事。どんなに素晴らしい理想も、ピッチに立つ者が何とかしなければ形にならない。だから最後は自分次第だと常に言い聞かせて試合に向かっている。》中日新聞17年6月13日）

システムは崩すためのもの

選手たちにシステムを伝えることはしないことは書きましたが、システムそのものについて、私は「システムは相手のシステムを崩すためのもの」だと解釈しています。壊すと言ってもいいでしょう。要するに攻撃のために、システムはあるという考え方です。

試合でのシステムは、3－4－3、3－4－2－1、4－2－3－1などと、幾通りもある中で相手のシステムをどう壊すかで考えて選びます。仮に、グラウンドの中でプレーする選手が守備のこと、つまりは自分たちが崩されないことを考え出すと、どんなシステムを選んでいても、狙いから違ってしまいます。「崩すため壊すためのシステム」を「崩されないためのもの」と考えてしまうと、いずれは崩されてしまいます。それが私のシステムについての考え方です。

攻めるためのシステムということは、すなわち自分たちが主体になるためのシステムだということです。攻めることが危ないのかというと、違います。守れないから相手に点を取られるのではなくて、攻めないから点を取られてしまうというのが、私の発想の原点でこれは変わりません。

もちろん、相手を崩せなくて一度様子を見ようと落ち着かせる時間があるのは構いません。でも、あくまで「いつ、どこで崩すかを考えていこう！」というのが、基本です。

たとえば右サイドバックの選手には、「4－4－2の右サイドを頼む」などとは言わず、「今日は右からクロスを10本以上、上げてみろ」というふうに、試合での要求を伝えることがあります。これは右クロスを10本上げさせることが目的ではなく、前に向かわせ、相手の左サイドを攻略することを意識させるのです。

極端なことを言えば、システムや人の配置は局面によってどうでもよくて、選手が自由に動いて、ボールを前に進めていければよいと思っています。

組織論として伝わるシステムも、実は個人戦術で、一人ひとりが強くなっていけば、システムありきで考えなくてもチームは強くなっていくのです。これを理解してもらうためにも、私はシステムを数字の羅列で伝えることをしないのです。

結局、「伝える」ためには、これで本当に相手に誤解なく伝わるか、常識的なあるいは流行の表現、一般的な表現であればあるほど、一度疑ってみないといけないのです。砕く必要がある言葉は、常識的な言葉ほど多いのではないでしょうか。

> よく使われる言葉ほど、実は意味が曖昧だ。外国語などは特に注意すべき。正確に意図が伝わるか一度疑ったほうがいい。

「〜しなければならない」は天井をつくること

逆にあまり言葉を砕かないほうがいい場合もあります。

選手というのは、試合が続き緊張感が高まっていき、しかもあまりいい結果が出ていないと、知らず知らずのうちに、「〜しなければならない」と考えてしまうものです。

先ほど、「周りを見ろ!」ではなく、「遠くから見ろ、速いものから見ろ!」と伝えるほうがよいという、言葉を砕く例をあげました。

ところが、調子が悪くて考え込んでいる選手に、「遠くから見ろ! 速いものから見ろ!」と伝えると、「遠くから、速いものから見なければならない」と受け止めて、頭が凝り固まってしまうようなことがよくあります。

こうなると逆に、近いものが見えなくなって、ロングパスでボールを失ったり、速いものばかり見て、じっくり止めてシュートやパスをしたほうがゴールにつながるのに、ダイレクトでミスばかり繰り返したりすることになりがちです。

このさじ加減というのは、実に難しいものです。

「〜しなければならない」というのは、自分に向かっている言葉のようで、そうではありません。「〜しなければならない」と思い詰めると、答えが一つしかなくなり、その答えが言わば天井となってしまうのです。一つの答えに縛り付けられることになります。

「やらなければならない」という強迫観念にかられることでサッカーを楽しめなくなるのです。「やらなければならない」というのは、一つの答えに向かって「やらされている」のと同じことなのです。

シュートが全然決まらず悩んでしまっている選手というのは、ただでさえ「ゴールを決めなければならない」と、解決策を求めて頭でっかちになっているものです。さらに、あだこうだと技術的に細かく言葉を砕いて伝えたら、考えすぎになってしまいます。まさにパソコンが容量オーバーになっている状態です。

こんなときは、「お前ならやれるでしょ」とか、「次は入るんじゃないの」とか容量を軽くしてやることも必要になってきます。

毎日、選手たちの顔を見ながら、どう言葉を使っていくかその按配を決めていく。私がいつも感じ、考えているのは、この一点です。

「〜してやろう」が次につながる

こういうとき日本語というのは非常に便利な言葉です。言葉を砕きやすい半面、抽象的な表現のできる言葉も多いのです。

抽象的な表現によって、「〜しなければならない」と思っている選手たちの不安を消してやることも、できるのです。

「〜しなければならない」と考えてしまうと、どうしても苦しくなってきます。

「〜してやろう」と思えれば、苦しくはなりません。

「ゴールを取らなければならない」と思い詰めると、消極的なミスが起こりがちですが、「GKを外してゴールを決めてやろう」「相手を3人抜いてやろう」というふうに、「やろう」になれば余裕が生まれ、仮にミスが起こっても積極的なミスになります。

天井を突き破ろうとすることに意味があり、ミスをしても次につながればいいのです。

「いいプレーを見せなければならない」が、「いいプレーを見せてやるよ」に変わるだけで、楽しむ気持ちが出てきます。

苦しいと思った時点で成長は止まります。

どんな練習でも、プレッシャーのかかる厳しい試合でも、楽しむことができる人間が最終的には勝つことになる、私はそう信じています。

「〜しなければならない」という空気は、放っておくと周囲の人間にも広がってしまいます。自分たちの力を出せなくなり、次につながらないミスも多くなってしまうでしょう。

指導者としては、個人やチームが、「〜しなければならない」という空気に覆われそうになったら、察知して、選手もチームも「〜してやろう」の方向に持っていったほうがいい。これは常に観察しておく必要があります。

「〜してやろう」が、チームの流れを変えてくれることがよくあるのです。

> 「〜しなければならない」と伝えると、失敗が許されなくなる。
> 「〜してやろう」なら、積極的な失敗が次につながる。

7章　個人が強いとチームが強い

選手たちの成長を感じた一戦

ここまで、「伝えるか伝えないか」「伝えるならどう伝えるか」について、かなり詳細に確認してきました。

伝えないことから始めて、選手たちが自分たちで考えるようになるのが第1段階。言葉を砕いて明確に伝えることで、自分に向かってやり始めるのが第2段階。第2段階まで来れば、「1」を言うと、選手たちが考えて、「5」、「6」くらいのことは伝わるようになります。

「一人でボールを持って長く時間をかけちゃだめだ」
「もっと大胆にやってみよう」

と、一つ二つ伝えると、そこからゲームが動き出すことがあります。しかも、これは「私がやってほしいことを選手にやらせている」わけではなくて、あくまで「選手がやろうとしていることをやっている」ことになります。この違いは実はとても大きいのです。

選手たちの「頭の中」を変えるためにどうするかという話をしてきたわけですが、「壊す」というのはあくまで表現のうえでのこと。要は、考え方を整理することであって、それができれば、一つの言葉にパッと反応できるようになってくるのです。

フロンターレで、こういった状況になり、選手たちの成長を感じたのは就任2年目20

13年のシーズンの最終戦でした。一時は16位まで順位を落としましたが、最終的には3位まで上がってACL（AFCチャンピオンズリーグ）出場を勝ち取ることができたシーズンです。選手たちが個々に伸びたという証。「どう勝つか」と「勝利」の二つが一致している感覚が、彼らの中にしっかりと芽生えてきたと感じ取ることができたのです。

監督としてクラブから優勝を期待されるのはもちろん嬉しいことです。しかし現状を認識できないまま優勝を目標に掲げると、チームが余計なものに引っ張られてしまう怖れがあります。

2年目に入ったタイミングでの目標は「ACL出場」に定めていました。下を見て怖がるのはよくありませんが、現状に目をつむるのもよくありません。現状を把握したうえで、上を見ていく。それをクラブと共有し、一緒に戦うことができたシーズンでした。

このシーズンのリーグ最終節12月7日、ホーム等々力陸上競技場での横浜F・マリノス戦は、フロンターレが強くなったと心から感じたゲームになりました。マリノスとしては勝てばリーグ優勝が決まる試合で、一方、フロンターレもACL出場権がかかり、長年チームを引っ張ってくれたディフェンダー、伊藤宏樹の現役最後の試合でもありました。

マリノスを優勝させない、ACL出場枠を勝ち取る、宏樹を勝って気持ち良く送り出す。その3つの願いをかなえるべく、フロンターレにとっても相当なプレッシャーがかかっていました。

優勝のかかるマリノスを相手に本気で勝ちにいき、相手のシステムを攻撃で崩そうとし、一人ひとりの利益がチームの利益と一致していました。1対0の勝利でしたが、チームが一つ上の段階に進んだ瞬間でした。フロンターレで指揮を執った5シーズンでどの試合が一番印象深いかと聞かれたら、今でもこのマリノス戦を真っ先に思い出します。

就任してからの2年間、選手たちが下の順位を気にして怖がっていた時期もあったのですが、だんだんと選手が自分に向かうようになり、うまくなって自信を持つようになりました。これは大きな進歩だと言えるでしょう。


「頭の中」を変えるためにどうするか。考え方を整理できれば、「やらされている」状態から、「やっている」状態になる。

フロンターレ5年目の充実

フロンターレはその後、14年は16勝7分け11敗で6位、15年も17勝6分け11敗で年間6位と、ほとんど同じ成績に終わりました。しかし選手たちは日々のトレーニングの中で成長を遂げており、はっきりと成果に表れたのが16年シーズンでした。

5年目のシーズンに入ると、フロンターレは本当に判断力や技術力が上がって、プレーするスピードが上がりました。Aチームのみならず、Bチームも随分と速くなりました。たとえば紅白戦では相手役になるBチームに想定するフォーメーションで組ませますが、嬉しいことに相手のようにはならなくて、BチームもAチームのフォーメーションを壊そうとするのです。それならそれで、全員が自分に対して向かうチームになってきたなという手応えが感じられて、好ましいことです。

私のチームづくりは綿密な計画の通りに進めていくというより、チームという生き物を日々、どうやって成長させていくか、それだけを考えるようにしています。

このシーズンはクラブでは史上最高となる勝ち点「72」を獲得（22勝6分け6敗）して年間成績は3位でした。連敗は一度もなく、それ以上に嬉しかったのは、戦力や選手の年俸でフロンターレを上回るようなチームも、我々のサッカーに合わせてくるようになったことです。強いチームが、ボールという武器を我々に渡してくれているのだからこれは誇っていいことだと思います。

11月、鹿島とのチャンピオンシップの準決勝は残念ながら0対1で敗れました。試合後選手たちが流した涙は本気で勝とうとしたからこそで、立派になったなと心の底から頼もしく思えました。でも一つ言うことがあるとすれば0対1で負けたことが残念なのではなくて、3対0で勝てなかったことが何よりも残念でした。

「おけばプレー」

なぜ、そう思ったのか。それはつまり、勝つことが日常になったということ。日常になったから、昔が非日常だったんだなと初めて理解できます。

やらされているうちはそこに辿りつくことはできません。自分たちで向き合ってやりだしたから、これまでとは違う日常を手に入れることができたのです。

緊張感を持って真剣に、かつ楽しんでやってきた積み上げが成果として表れたのです。

もちろん目の前にあったタイトルは取りたかったですが、継続して強いチームであり続ける力がついた、そこに私は価値を感じています。

チャンピオンシップで負けてから天皇杯までの1ヵ月、ここでも新しい言葉や伝え方を探して、選手たちに接した結果、さらにチーム力が伸びました。

伝えたのは、「おけばプレーをしないように」ということでした。

一歩早く戻っておけば、あそこで正確にボールを止めておけば、もっと丁寧にパスを出しておけば……。大きな勝負どころでこそ、実は細部にこだわったプレーができるかどうかが大切になるということです。これはグランパスに移った今もたびたび口にすることですが、メートルではなくセンチメートルにこだわれる技術がついたら、さらにミリ単位の正確な技術にこだわるようになる。これが勝利のために必要になるので、毎日の練習でうまくなる必要があるということです。彼らも理解したはずで、だからこそ言葉がスンナリと頭に入っていったと思っています。

「勝ちたい」「勝てる」「勝たなきゃおかしい」はそれぞれ違う。ボール支配率で考えれば4対6なら勝ちたい、逆に6対4なら勝てる、7対3以上だったら勝たなきゃおかしい。ならばボールを失わないことにもっとこだわろうとする。その日その日によって、どう言えば選手たちの頭に響くのかを考えてきたのです。

選手たちの成長が止まりそうになることは何度もあります。そこでどうやって仕掛けていくか。チャンピオンシップで負けて立ち止まらないためには、この天皇杯準決勝までの1ヵ月間が大切でした。決勝では再び鹿島に敗れて準優勝に終わったものの、1ヵ月前の彼らではなかったということを誇りに思いましたし、選手たちを称えたいと思います。

組織から個を引っ張り出す

フロンターレ監督就任当初は、選手たちが組織に隠れてしまっているような印象を受けていました。悪い意味ではなく、おとなしい選手が多い印象がありました。能力を出していない「隠れた天才児」たちを、いかに組織から引っ張り出すか、ここが重要でした。

私が現役時代にいたドイツは逆で、主張しない選手は試合に出してもらえないので、うまくなるためには隠れてはいられないし、もちろん逃げてはいけませんでした。それは本来、ドイツだろうが日本だろうが、関係のないことで、選手を組織の外に引っ張り出して、「組織があって自分がある」状態から「自分があって組織がある」状態に変えていくことに全力で取り組みました。

才能を隠さない人より隠す人のほうが受け入れられやすいのが日本。奥ゆかしい日本人の良さでもあるとは思うのですが、組織に隠れてしまえば個は育ちません。

個ばかりに着目すれば、今度は組織の力が落ちるのではないかと思う人がいるかもしれません。確かに私が現役時代のドイツなら、よりライバル意識をむき出しにしてチームワークなど二の次になっていたときもあったかもしれません。しかし日本人のメンタリティは違います。

いくら我が強いといっても、日本人は周りを尊重でき、こっちから何も言わなくてもまとまって仕事がやれます。また、何もしなくても規律が生まれやすい。

徹底的に個の力を上げていき、個人戦術を追求していくことがチームのためにもなるというのは、日本人だからこそ可能なのです。組織から顔を出していけば、組織のせいにはしなくなります。人のせい、物のせいではなく、自分が精いっぱいやれているかどうか、そこが判断基準になってくるのです。

いくら「自由な集団」にしようとしたところで、日本人は完全に自由気ままにはならないものだと思います。だから枠にはめるより枠を取っ払ってやることで、いい按配の「自由な集団」になると私は考えているのです。

そして、私は基本的に個人が伸びれば、組織も伸びるという考え方をしています。試合でも、個人対個人で負けなければ組織対組織でも負けることはないと思っているのです。そのための唯一の必要条件は、その組織の、「個人の利益とチームの利益が一致していること」です。それさえブレていなければ、相手の組織に対して、組織で崩すのではなく、個で崩せさえすれば、相手の組織を崩すことになります。

そしてそれがチームの利益になるのです。

個人の利益と、チームの利益が一致していればよい。

上を伸ばせば組織は強くなる

ただし、組織を強くするために、誰を叱るのがいいか、誰のレベルを上げればいいか、ということはよく考えます。

ごくごく当たり前の話ですが、組織全体に何かを伝え、浸透させるには、チームの中心になっている上のレベルにいる選手に伝えるのが最も早いものです。上が伸びていけば下は自然についていきます。しかし下を伸ばそうとすると、下が伸びるまで、上は現状で待ってしまいます。これでは、組織のレベルが一度止まってしまうのです。

全体のレベルを押し上げたいと思ったとき、下を押し上げるより、上のレベルにいる選手たちにまず伝えて、上の選手を自分に向かわせることが大事になってきます。

監督がやらせるより、上の選手がやるのを見て、続く選手も自分でやるようにするほうがはるかにいい。上の選手がやっているのに、下の選手がやらないわけにはいかないのですから。

サッカーで言えば、私が技術的なことを見せる場合もありますが、できている選手にやらせることのほうが多くなります。

下は上に追いつき、追い越さないと試合に出るチャンスが減るのですから、上よりも自らもっとやっていく必要性を感じるわけです。そのサイクルがうまく回っていれば最高の環境になるのです。

チーム全体の中でも、特に上にいる選手たちをどう触っていくかが、チームをどう動かすかにもかかわってきます。

中村憲剛に求めたこと

中村憲剛には、フロンターレ監督に就任して、彼がチームに合流した段階でこう言いました。

「お前は自分を抑えて50％くらいでプレーしているんじゃないか？　本当はもっとできるだろう。周りを気にせず１００％のプレーをしてほしい」

これは、前に書いたように、自分自身、広島でバクスター監督に「少し抑えてプレーしてくれ」と言われた経験から出た言葉でもあります。

サッカーというのはチーム内はもちろん、対戦相手もふくめて、常に下のレベルにプレーが揃ってしまいがちな競技です。

ミーティングでは反省点を指摘する際に、あえて中村や大久保のプレーを映像で抽出したことがあります。二人を批判する意味で使うわけではありません。

「これは全員に起こりうる」

と説明すれば、選手たちは自分に置き換えて考えることができるからです。彼らでもミスする状況なら、他の選手たちも全員同じミスをしてしまう可能性が高いということ。上のレベルにある選手たちをうまく触ることは、実は下のレベルにある選手たちを触っていくことにもなるのです。

チーム内で下のレベルの選手の映像を流して、反省点を指摘したときと、どちらがチーム全体を伸ばすかは、明らかでしょう。

> **チームの中で、上にいる人間をどう触っていくかで、チームは変わる。**

大久保嘉人をわざと怒る

大久保のプレーに対してわざと怒ってみせたことがあります。

16年5月14日、ファーストステージ第12節のヴィッセル神戸戦でした。前半、足を痛めていたとはいえ、大久保の調子があまりに悪かったことがあります。ボールを競りにもいっていない。ハーフタイムに呼び止めて「足が痛いのか?」と聞きました。

そうしたら「痛くない」と言う。

もちろん本当は痛いのに、無理してチームのために出ているのですが、私は語気を荒らげました。

「じゃあ、ちゃんとやれ！」

わざと怒って、大久保を刺激したのです。大久保も口にしていたペットボトルを地面に叩きつけ、後半のピッチに出て行きました。

大久保を「触った」ことで、周りもピリッとしました。

試合は0対1とリードされて前半を終えていたのですが、後半に大久保が2ゴールを挙げて3対1で勝ったのです。

試合が終わって彼には一言、「やっぱりお前はプロだな」と伝えました。

前半の出来が良くないことは彼自身が一番わかっていますので、あえて私が怒る必要もなかったかもしれません。いつもしっかり自分に向かっている選手ですから、本来なら「触る」必要もないのかもしれませんし、今は触られたくないと本人が思っていたのかもしれません。ですが、それでも前半のらしくないプレー、迷いのプレーを見れば、触らないわけにはいかなかったのです。下の選手たちも大久保の扱い方を見ています。どう触るかを考えて、私は叱ることを選択したのです。

集団というものは、一人ひとり個が集まって成り立っています。

判断、自己責任など集団を変えようとしたら、一人ひとりを変えていかなければならないという私の考えは示しました。じゃあどうやれば変えられるかといえば「頭の中」を変えるしかありません。もっと噛み砕けば「意識」と「こだわり」を、どう持たせるかです。

私はよく、組織を考え、選手を考えるとき、高温か低温かを判断に使います。

高い意識、高いこだわりを持てば「高温」であり、低いままなら「低温」です。

高温＋高温＝高温ですが、高温＋低温＝低温になってしまいます。つまり全員が高温になっていかなければ、組織は高温を維持できないし、全体が高温なら、さらに高温になっていくように持っていく必要があるのです。そのとき低温の選手にも仕掛けてきたからこそ、チーム全体が高温で成長できたのです。

外国人もうまくなる

高温を伸ばすという意味では外国人にさらにうまくなってもらうのも効果的です。

「日本人は〜」「ドイツ人は〜」などと話してきましたが、人はそれぞれ違うし、逆に言えば人は国籍や人種に関係なく、それぞれ同じ面もあります。日本人だろうが外国人だろうが、うまくなる選手はドンドンとうまくなっていきますし、接し方も外国人選手だからといってそんなに変える必要はありません。真剣に、自分に向かってくれれば、助っ人である外国人だって、ドンドン成長を続けていくのです。

フロンターレでは12年から4年間プレーしたブラジル人選手、レナトがいい例でしょう。レナトは左利きでスピードのあるテクニシャン。自分から「右の中盤でやりたい」と言ってきました。まずは希望通りにしてレナトのプレーを見ましたが、右サイドから左足で中に入ってくるばかり。そのコースを相手が切るようになると何もできなくなりました。

悪い循環に入ると右サイドを縦に突破しようとしないし、ボールを失っても追おうとしない。しかし自分に向き合おうとしていないわけではない、と感じました。

そこで私は左サイドで起用することにしました。難しく考えがちな彼の性格も考えて、利き足のサイドにいるので、迷うことなく縦に向かわせることにしたのです。もちろん、やはり中に入ってシュートを打ちたいから、自然と右足を練習するようになりました。「止める」「蹴る」「外す」も自分で考えて、うまくやれるようになってきたので、あとは「もっと特徴を出してやってくれ」とだけ言えばよくなりました。

エウシーニョ、エドゥアルド・ネット、エドゥアルドもどんどん成長してくれました。ミッドフィルダーのネットは最初、練習でパス回しに入っても周りのスピードに追いつけず、時間がかかるかとも思ったのですが、見て覚えて目が慣れてくれれば、順応も早かった。センターバックのエドゥアルドにはボールの置き場所についてアドバイスしたことがありますが、彼らは一つ言って理解できれば二つ目、三つ目の吸収が早いと感じました。日本人同様に、フロンターレの外国人選手は真面目。うまくなりたいと強く望まなければ、そうはなりません。ブラジルから日本に来て、ステップアップしようと強く望んでいるからこそ成長したのです。そのあたりは日本人選手もブラジル人選手も関係ありません。自分に向かう選手だけが、成長できるのです。

点が取れないのは誰のせいか

点が取れないとき、チームのせいなのか、個人のせいなのかと聞かれることがよくあります。私はこの点では曖昧な線引きをしないようにします。

チャンスをつくれなければチームのせい、チャンスがあるのに決められないのは個人のせい、なのです。

10のチャンスでダメなら監督としては20のチャンスへと、チャンスの分母を増やすことを考えます。あとは個人が決めなければならないが、もちろんそこは手助けをします。

たとえば練習メニューは、試合で出てきそうなチャンスの局面をつくり、そこで決めるトレーニングを増やすことになります。あとはそのチャンスを決める決めないは、監督の仕事ではないとあえて言っておきたいと思います。

サッカーはゴールを取るスポーツで、チャンスをつくって決めきるには、どこまで「高温」になりきるかにかかっているのです。

集団と個人でもう一つ事例を出しましょう。

たとえば1点リードしているとき、それでも2点差にすべく、攻撃で前に行くはずが、受け身になって行っていないとします。これは、集団として前に行っていないように見えても、実際は、前に行かないのは「自分」なのです。

ボールを受けて、ドリブルする、パスを出す。パスを出したら「自分が」前に出てもらいに行く。ゴールを取るためには「自分が」前に行かなければならない。そうするとトラップ一つとっても正確に、小さく無駄がなくなるものです。前に行こうとするなら自然とそうなるのです。いつもそのために練習をしているのですが、「自分が」の意識がないと違ってくるのです。

選手たちが攻撃とは何かを理解してきたとしても、試合の状況によって間違った方向に行ってしまうこともあるのです。

繰り返しますが攻めるというのは、自分たちが主体だということ。攻めることは危ないのではなく、攻めないから点を取られてしまうのです。

結局、どちらが相手を怖がるか

私は試合前のミーティングで「殴れ」「殺せ」と過激な言葉を使うことがあります。その言葉の上に「技術で」をつけますが、「技術で上回れ」「技術で勝て」では、試合直前でも闘争本能を呼び起こせないので、「技術で殴れ」「技術で殺せ」と言うのです。

サッカーというのは、叩きのめすことが許されているスポーツですから、技術で殴りに行かなければ、逆に殴られます。技術で殺しに行かなければ、相手に殺されます。相手が殴らせてくれる状況なのにそこで殴りに行かなかったら、怖がっているように思われ、死にかけていた相手のほうが、やがて強気になってくるのです。

こちらが技術で殴り続けることに成功して2対0でリードしていて、技術で殴りに行くのをやめたとします。すると怖がっていた相手が殻から飛び出して殴りにきて追いついた、逆転したというのはよくある話です。

そんなときは、私は選手たちに「俺は引けと言ったか？　守れと言ったか？」と問いました。ボールを持っていること、攻めることがリードを守ることになるのに、大事を取ったはずが結局は安全じゃなく危険なほうを選んでしまっていたのです。

戦いの場では90分通して技術で殴り続けなければ意味がないのです。逆に殴られる時間が出てきたら、耐えて殴り返さなければいけません。少し殴らせておいてから、相手が疲れたら一気に殴りに行くことだってアリでしょう。そういう勝負のアヤがわかっていなければ、勝利を手にすることはできないのです。

だから私は選手たちに言うのです。

「心にナイフは持ったか」と。

言葉は過激ですが、サッカーのグラウンドとは、技術で殺すか殺されるかの世界なのですから。

サッカーの試合は、結局、どちらが相手を怖がるか、というところに行きつきます。うまくなったつもりでも技術を過信すれば、勝負勘のいい相手なら怖がるフリをするだけ。こっちが一方的に殴っているつもりになっているだけです。目の前にいる相手との駆け引きに勝つことが、すなわちチームの勝利に一致していくのです。

最も理想的な形は、ユニホームを見ただけで相手を怖がらせることです。バルセロナやレアル・マドリード、バイエルン・ミュンヘンなどのビッグクラブは、ユニホームだけで相手をビビらせることができるクラブでしょう。ユニホームを見ただけで、相手が条件反射的に「今日もたくさん殴られそうだな」と感じてしまうのです。

フロンターレを5年間指揮した結果、最終的にフロンターレに対しては、どのチームであろうがボールを持たせてくれました。相手が守るようになったのは誇っていいことだとは思います。「リスペクトする」という言い方をよくしますが、ボールで殴る権利をフロンターレに許しているということですから。

ボールという確固たるものがあります。守ることを考えるなら、より安全だと思うことをつくっていく。それがボールを持つということ。ボールを奪われても、俺たちのボールなんだから返せと奪い返すということ。

勝てないチームというのは失点数の多さに目がいきがちですが、得点数の少ないほうが私は気になります。ボールを持って相手を怖がらせて得点すれば、まさに「攻撃は最大の防御」になるのですから。

グランパスはまだこれから

この点だけをとっても、グランパスの1年目は、まだまだ発展途上と言えるのです。

確かにJ2では1番の得点を取りました。得点シーンだけ見れば、選手個人一人ひとりが、ボールを武器に自信を持って攻撃に徹して前に進んでいく、パスを出して動いてフリーになる、またパスを受ける、目の前の敵を技術で殺していく……そういう場面はたくさんあります。

よく褒められるのが、17年11月5日、岡山戦での佐藤寿人の左からのグラウンダーのクロスを青木亮太が右足で完璧に合わせたゴールです。佐藤寿人、小林裕紀、玉田圭司らがパスを10本つなぎ、パスを出した選手が動いて次々フリーになり、相手に体一つ触らせないまま、左から崩した得点です。これは全員の目が合っていた得点で、この場面だけ見ればふだんの練習でやっているように難しいことは何もやっていない。普通にやっているのです。ほかにも面白いと言われる得点は、いくつもありました。

グランパスの攻撃は、パターンで崩すのではなく、臨機応変に選手個人の目が揃った結果なので、シーズンが深まるにつれて相手に研究されてパターンで止められ行き詰まることはないのです。一方、失点は攻撃が増えることで徐々に減っていきました。

得点が多いのはよしとして、「失点の多さはなんとかしてください」とよく言われたのですが、1年目は本当に気にしていませんでした。もちろん「点は取られてもいい」とは言ったことはありませんが、ほとんどが自分たちのミスによるものなので、原因は明確でした。そこはやりながら覚えていけばいいと思っていました。

ただし、17年8月6日の、4対0とリードしながらあっという間に4点取られて一度追いつかれた愛媛戦のような試合は、まだ技術に自信が持てないから、守ろうとしてしまった。

グランパスでは1年間、「トライしよう」という言葉を使い続けていました。文字通り、試そう、挑戦しよう、つまり、ボールを失わないように、攻め続けようということです。

まだ、選手一人ひとりが、常にトライをし続けるレベルまでは達していなかったのです。

それでも、たとえば昇格プレーオフのジェフ戦などは、引き分けでも勝ち上がりが決まるにもかかわらず、2対1と逆転してからも、選手一人ひとりから、常にボールを失わずに攻撃していこうという姿勢がうかがえて、それが結果的に貴重な3点目、4点目につながりました。大切な試合でも練習でやれていることができるようになってきているのです。

失敗とは気づかないこと

私は、試合中、プレーでのミスに本気で怒ることとは、まずありません。プレー中、技術的なミスはつきものだからです。ミスのことを、失敗とは私は言いません。そのミスに気づかないことが失敗なのだと私は思っています。

気づくことができれば、次はうまくやろうと努力する。

気づくことができなければ、ミスしたままになる。

それが日々繰り返されていくとどうなっていくかは自明のことです。準備してこない、理解できない、やろうとしないことこそが失敗なのです。

頭の中で、やろうとすることを考えていないと、失敗に気づけないのです。

また、技術のミスに気づかないとき以外にも、たとえば今自分のやっているプレーの意味そのものがわかっていないと、これも失敗につながります。

たとえば、いくら蹴りたいキックの練習を積み重ねたとしても、試合で相手を外すことができなければ練習したものを出す機会がありません。そこに気づいて、相手を外してフリーになることに意識を向けておくのと、気づかないまま、ずっとキックの練習をしているのとでは、試合での結果がまったく違ってきます。

「頭の中」を変えるというのは発想を変えていくことでもあるのです。

シュートにしても同じでしょう。練習で外してばかりでは、本番で入るはずがありません。自分のキック、相手の位置、パスに入っていくタイミング……そのシチュエーションはトレーニングで毎日、試合を想定したいろいろなパターンでやっていますが、どうシュートを決めるかは、それぞれが自分の中で伸ばしていく必要があるのです。

失敗というのは、やがて成功に導くことができれば、失敗にはなりません。

指導者としては、できない選手を放っておくことはできません。気づかないようなら気づかせます。準備できていないなら準備させます。やろうとしていないなら、頭の中からやろうとするように変えます。

１００回ボールをもらいに行って、10回取られる選手と、10回ボールをもらいに行って、１回も取られない選手がいるとします。どちらを評価するかと言ったら、百パーセント、前者を試合に使います。ミスを怖れずいっぱいボールを受けていれば、取られてしまった10回もやがて減っていきます。これがつまり「トライ」ということです。嚙み砕いて言えば、本気になってやるということです。

ミスが怖くて10回しか受けない選手は、ノーミスから、やがてミスが1回、2回と増えていきます。気づかないことに加え、失敗のもう一つは「やらないこと」なのです。

うまくなっていけばドンドン進んでいくのに対して、止まっていたらドンドン離されてしまいます。それでも私はあきらめません。変わっていくきっかけさえつかんでくれれば、ドンドン追いついていけるものだと捉えているからです。

気づかせること、やらせること。

日々のトレーニングでそれらを「伝える」のが私の大きな仕事なのです。

失敗というのは、気づかないことと、やろうとしないこと。気づかせ、やらせる。日々、それらを「伝える」のが指導者の最大の仕事。

集中力の4－4－2

序章に、指導者としての大原則として、「人には触らない」「人格を否定しない」という話を書きました。

叱って教えるときの鉄則なのですが、そもそも、いま叱るか、それとも叱らないか、についても、私は相手の様子次第で判断することが多いのです。

選手たちがうまくなるのを手助けしていくためには、言葉の伝え方一つひとつが肝心になってくるのですが、もちろん、一人ひとりの性格やその日の状態、表情を踏まえたうえで触り方、叱り方を決めるようにしています。

叱り方、触り方を決めるとき、重要な要素の一つに、その選手が集中しているかどうか、があります。まず、この集中力について簡単に説明しておきましょう。

日々の練習では選手たちに「いい集中力でやれているぞ」、逆に「集中しろ！」などと言うときがあります。

この「集中力」という言葉も、「マークを外せ！」「ハードワークしよう！」のように、よく考えると非常に抽象的ですが、私は集中力というのは、「目的達成意欲」「楽しもうとしている思い」「不安」の3つの要素で構成されていると解釈しています。

「不安」というものは自分に向き合っているからこそ、どうしてもつきまとうものです。

「不安」のまったくない状態が、人間が集中するために良いことなのかというと、必ずしもそうではありません。「不安」だからこそ緊張感が生まれるわけで、適度な「不安」、そして緊張感が必要なのは当たり前だと思います。ですから、「不安」に思う自分を否定する必要はありません。

もっとも「不安」の占める割合が「10」のうち「4」にも「5」にもなってしまうと、集中することはできません。感覚的には、「不安」は2割くらいがちょうどいいと思います。あとの8割のうち、「目的達成意欲」と「楽しもうとしている思い」が半々くらいでしょう。

人間が高い集中力を得るには、この4－4－2のバランスが一番だとみています。監督としては、選手一人ひとりが気持ち的にこのバランスになっているか、常に観察して4－4－2に持っていければいいのです。

もちろん、結局のところ、この3要素のバランスは個人個人で感じてもらわないとどうしようもありません。そこは選手自身がコントロールしていくよう意識してもらうほうがいい。個人のことは、あくまで個人で修正させたほうがいい。一人ずつが修正していけば、チーム全体が修正できていることになり、個人が伸びることが、ひいてはチーム全体の伸びにつながりますから。

「集中力」の3要素は、「目的達成意欲」と
「楽しもうとしている思い」と「不安」。
これが4－4－2のバランスのときが一番いい。

自分に向かっていない選手には怒らない

とはいえ、気づかせるには、時として怒ったほうがいい場合もあります。

自分にしっかり向かって努力していても、全然うまくいっていない選手がいたとします。そんなとき私はわざと怒ってみせることがあります。

ある選手が5メートルの距離のパスを2～3度失敗したとき、私はこう怒鳴りました。

「5メートルのパスをミスするヤツはいない。どこがプロだ！　5メートルのパスを通せないならサッカーをやめろ！」

自分にしっかり向かっている選手でも、集中力を構成すると私が考えている要素（目的達成意欲4＋楽しむ4＋不安2が理想的）のうち不安の割合が大きくなりすぎて、目的達成意欲や楽しむ気持ちが小さくなってしまっているなと感じたとき、叱ることが多いのです。

不安が大きいとき怒られると、ハッと楽しめていない自分の今の状況に気づくことがある

からです。こちらが怒ると、余計に不安を高めてしまうタイプの選手もいるので、注意が必要です。けれども、自分に向き合えている選手の場合、経験上、怒ったほうが、気づかせてあげられるケースは多いものです。

監督の私のほうを気にしても仕方がない。あくまで自分と向き合うために、気づいてほしいというのが前提にあるのです。

逆に、自分に向かっていない選手にはまったく触らない。叱らない。たとえば私やコーチばかり気にしている選手がミスをしても私は何も言わないし、怒ることもありません。

「僕、どうすればいいんですかね？」

などと聞いてくる選手がいたら、それはまったく自分と向き合っていないと自分で言っているようなものですから、叱りません。

「こうやってもうまくいかないんです。僕はこう考えているんですけどどうでしょうか？」

と言ってくるなら、自分に向き合っていることになりますが、ハナから「考えること」を外してしまっている人間には何を言っても伝わらないものです。

自分に向かわず、逃げている選手には、何も言わずに、叱りもせず、逆に何も伝えないほうがいいでしょう。逃げている者に何か言って叱ると、また逃げていくからです。こういうとき、コーチにもあいつには触るなと、言っておくことも必要です。

もちろん、今、逃げている選手を、心の底から逃がしたくないと思っているからこそ、あえて触らないのだということ。触っていないことが、実は触っていることになっているのです。

叱るほうがよいと私が判断するもう一つのポイントは、一度成功しているプレーなのに、それができなくなったときです。一度成功して安心すると、集中力の要素で言えば不安が消えてしまったり、2割より大きく減ってしまいます。不安がゼロがいいとは限らないのが面白いところで、叱ることで、少し不安を増やして集中力を保つ土壌をつくってあげるのです。

触ることが、逃げている選手を、もっと逃がしかねない。

8章　前へ進む道を用意する

取扱説明書

グランパス監督に就任した当初から、このクラブには大きな可能性があると感じていました。まず、名古屋、愛知県、東海地方という本拠地に、東京にも大阪にも負けない底力がある。そして、フロンターレ時代から感じていたのですが、グランパスサポーターのサッカーへの理解度と熱さがもの凄い。

そこで最初から、コーチからトップまで、もちろんサポーターにも、やろうとしているサッカーを理解してもらえるよう、できるかぎり伝えました。クラブに関わる多くの人間に楽しんでもらい、安心してもらい、一体となって一緒にいいクラブをつくっていきたいということを意識して進めていきました。

どこのクラブにも共通の「取扱説明書」というものなどはなくて、チームによって、また同じチームでも、そのシーズンによって、新しい「取説」をつくっていくのが監督の仕事かなと考えています。

昨シーズンのグランパスは、ちゃんと伝えて全員の「目を揃えて」いたことで、いろいろな改革を実現してもらうことができました。

たとえば、パロマ瑞穂スタジアムと並ぶ、グランパスの本拠地の豊田スタジアムの芝生の長さです。スピードあるサッカーを続けてきて、練習場や、パロマの短い芝で速いパススピードでチームをつくってきた私たちには、昇格プレーオフ決勝の豊田スタジアムの芝は少しばかり長すぎレギュラーシーズンは苦戦していました。勝つためには絶対短い芝がいい。そこで、

「とにかく芝生を13ミリにしてほしい」

と、統括部の中村直志強化担当に伝え、スタジアムと交渉してもらいました。

冬芝で13ミリという短さにするのは、豊田スタジアムのようなスタンドのキャパシティが大きくて風通しが悪く日照時間が短いスタジアムでは特に難しいので、「芝が死んでしまいます」と反対されました。スタジアムの担当の方は、そういう希望をクラブから言われたこともなかったようです。なにしろそれまでは22ミリ以上でしたから、ボールが走らず、これではホームのアドバンテージを活かせません。

本気でお願いしたところ、スタジアム所有の豊田市、トヨタの幹部はじめ皆さんの協力のうえで全力を挙げて短くしてもらえました。

「いいから、13ミリで！」

と、急に言っても理解してもらえなかったでしょうが、グランパスの新しいサッカーを最初から見て、理解してくれたからこそ、多くの人が動いてくれたのだと思います。

その力は本当に凄い。最後の最後ですべてが、いいチームになったのだと思います。そして昇格プレーオフ決勝戦は豊田スタジアム開催だからこその大観衆、3万7959人もの観客が集結してくれました。あれは本当に素晴らしい光景でした。特に試合が終わった瞬間のサポーターの皆さんの笑顔は忘れられません。

シーズン終盤にアッという間に何万本もフラッグをつくって、サポーターに無料で配ってしまう力がグランパスにはありますから、これからもどんどん進化していくのだと思います。

さらにサッカーを面白くすることができれば、さらに強くなっていけば、また観客が増える……。いい循環をつくっていきたいと思います。

行き詰まって、何かがないからチームを変えていかなければいけないのではなくて、進んでいくためにいつでもチームを変えていく……。今シーズンの新しい取扱説明書をつくるなら、このほうがはるかに楽しいのです。

全員が目を揃えて同じ方向に進み、自分たちにしかできないサッカー、そして独自の魅力をつくっていけば、世界中のどこにもないクラブをつくることができるのではないか、そう思っています。

最近は世界のトップクラブの試合を見たりすると、日本も勝てるんじゃないか、と感じてしまうときがあります。

いや、実際に試合をしたら、日本のクラブはまだ勝てないのでしょうが、頭の中では、こう動けば、ここをつけば点が取れそうというイメージが湧いてくるのです。そうなるようにグランパスを近づけていくことは不可能ではないと思えるのです。

味方と話すのは得意だが、相手と話すのは下手

もちろん、サッカーに関してはまだまだ進化を続けなければいけません。課題はいくらでもあります。

たとえば、「目」と「技術」、そして相手との駆け引きです。

昨年から日々の練習では遠いもの、速いものから見て選択していくように伝えていますが、その結果、チーム全体のプレースピードも自然と上がっていき、自分たちのプレースピードというものが、どれほどかもわかってきます。もちろん、ただ速ければいいということではまったくありません。

技術が伴わなければ試合になると自分たちのスピードを出せないことがあります。

ただし、サッカーは相手あってのスポーツですから、それほど速くなくても、相手を操ることは可能です。

たとえば、自分たちの技術の最高時速が１００キロだとします。もし相手が止まっているのであれば、最高時速の１００キロでプレーすればいい。しかし、相手が時速50キロでボールを取りにくるなら、こちらが１００キロのスピードで向かえば、実質１５０キロのスピードになり自分たちが扱える技術をオーバーしてしまいます。相手が80キロで向かってくるなら、自分たちは20キロのスピードでプレーする。確実に相手を操るなら、相手の20キロを利用することです。要するに、20キロの力でその80キロをかわすこと。それが確実なサッカーです。

自分たちのプレースピード、そして相手のスピードをわかっておけば、こちらが主導権を持って適正スピードでプレーできます。相手に合わせて自分たちの得意なスピードでボールを扱えないときは、ゲームの状況もだいたい良くはないのです。そしてその最高時速はトレーニングの中で常に大きくしていくことが大切です。

私は海外と日本でのプレーを経験しましたが、日本人は味方と話すのは得意だとしても相手と話すのが苦手です。これはコミュニケーションの話ではなくて、あくまでプレーの話です。

言葉を砕けば、日本人は味方との連係は得意でも、相手との駆け引きは不得意なことが多い。海外はまったく逆で、味方と話すのは苦手だが、相手と話すのは得意ということになります。味方にボールをよこせと言われるとパスミスしてしまうが、相手からは易々とボールが取れる。以前、バルセロナユースの練習に指導者で参加させてもらったとき、対人をつけないパターン練習をしていたので「どうしてやる必要があるのか」と聞いてみました。すると監督は「彼らは味方のことを考えないから」と言って、ガンガン怒っていました。

私は日本で指導する限り、練習では相手をつけて、相手と会話をさせる練習が長くなります。スピードの駆け引きも、相手がいることで覚えてくるからです。

目を合わせる

グランパスでも、すでに何人かの選手は、このスピードの考え方や、敵をコントロールする技術がわかりつつあります。相手を怖がりすぎない、相手に振り回されてあわてて走りすぎない、パスを出すタイミングと受けるタイミングの意思の疎通ができる組み合わせも増えてきています。目が合ってきている選手が増えつつあるのです。

目が合ってくると、点でボールのやり取りができるようになります。

相手のスピードをコントロールできて、うまく攻められたときは、おそらく選手たちには相手がスローモーションで動いているように見えて、どんな狭いところでもボールを運べるようになると思います。

攻めるときは味方を見るのではなく、相手を見る。守るときは敵ではなく味方を見る。こういうことが一つずつできるようになれば、敵が触れない、したがって体格差もスピードも関係ないサッカーができるようになる。

よく「遊び球」という言い方をするのですが、ボールを持ったとき、次の展開を決めることができなければ、一度近くにいる味方にボールを渡す。その間に周りを見ておくことができます。そこでの蹴る、止めるの技術は正確でなければいけませんが、これを繰り返していると、相手がどんどん足が止まってスピードが落ちていくのです。

ほとんどの得点は難しい技術ばかりを使っているのではなく、正確な基本技術と目の一致によって生まれているのです。

気をつけなければならないのは、あまり要求を高くしすぎないこと。逆に選手がまったく妥協なくやっていくと、彼らの要求自体が高くなってしまうということです。

選手たちはプロ。とはいえ、成長の速度が速い者がいれば、遅い者もいる。ただ遅かろうが速かろうが、成長していることに変わりはありません。

本来ならプロの世界は選手の力を伸ばすところではなくて、むしろ元々持っているものを引き出す場所であり、「伸びる」じゃなく「持っているものを出している」との表現がふさわしいはずです。

選手は持っているもの以上を出すことはできないし、持っているものをできる限り出していく作業になってきます。自分のできること、できないことを理解しながら、自分を見つめながら自分というプレーヤー像をつくっていくのです。自分、そしてチームに対する要求は高くてもいい。しかし今、何がやれて何がやれないかもわかっておかないと、それは「見えていないこと」にもなりかねません。

私の役目は言うまでもなく、選手たちを自分に向かわせることです。けれども逃げ道をなくすというよりは、前に行く道だけを用意すると言ったほうが近いかもしれません。練習を見て正しい変化を加えながら、前に進ませていく。急ぐ必要はありません。ここを間違えてしまえば、選手たちを成長させていくことはできないのです。

自分の目を信じる

人は、周りの目や意見に影響されやすいものです。

ある経営者が、「2人分、3人分の仕事をやってくれそうだ」と感じた一人の人間を雇うか、雇わないか、周りにも意見を聞いたとします。すると、「あまり協調性がなさそうだ」と、現場で彼と仕事をすることになる人間が否定的な意見を言いました。経営者は、

「一緒に仕事をするのは現場の人間で、そのうちの一人が協調性がなくて一緒に仕事がしにくそうと感じるのはまずい。やめておこうか」と、判断しました……。

「協調性がなさそう」というのは実際にまだ起こっていないことであって、意見を聞いたうえで自分が判断をすればよいのですが、判断まで人に委ねてしまっては、組織自体がうまくいかなくなります。まだ起こっていないマイナス面を怖れる必要はありません。

サッカーで言えば、負けが続いているときに、「このやり方が良くない」と人が思うのは勝手ですし、意見を求めるのはいいのですが、要は自分がどう思っているか。何が見えているか。

起こっていないこと、すなわち今、見えていないものから判断したら間違いが生まれる可能性は十分にあるのです。だから私は現実に今見えていることからだけで判断するようにしています。選手たちの今やっているプレーを見て判断するのです。

人間だから迷うこともあれば、悩むこともあります。監督としてプロフェッショナルであるのは当たり前ですが、同時に自分に対しても、プロフェッショナルでなければならないのです。

きちんと自分の目で見て判断するためには勇気を持つこと、自分を叱咤することも必要になってきます。どんな状況に置かれても、いつも自分を励ませる者が本当の意味でプロフェッショナルなのではないかと思います。

判断を人に委ねてはいけない。

全員を納得させる必要はない

監督の仕事の一つに、メンバー選考があります。選手全員の中から先発メンバーが11人、そして控えメンバーが7人。頭の中でイメージをしっかり持てるように、それぞれの選手の背番号と顔写真の付いたマグネットをボードに置いて、選手を選びます。

特に最後の一人、二人というのは相当に悩むものです。メンバー選考はコーチにも意見を聞きます。ただし意見を「求める」のではなく、あくまで「聞く」のです。実際は選手選びで、自分の結論は決まっていても、今後の参考としておきたいという思いがあるのです。

作戦面で試合中に「どうしようか」と聞くこともあります。こちらも「求める」のではなく「聞く」。自分の考えを伝えて反応を見ることもあります。コーチは私のことを理解してチームづくりに取り組んでもらっているのですから、言わば客観的にチームを見ている立場でもあります。

コミュニケーションを取ることでコーチの考えや理解を知るだけでなく、チームの状況を別角度から知ることにもなります。

コーチの意見を聞いて「次やってみようか」と実践に移したことは何度もありました。たとえばある選手をこれまでとは違うポジションで使ってみる場合です。なぜやるのかといえば、自分の頭の中にもその発想があるからで、コーチの一言で確信になる場合があるのです。頼るということではありません。

逆に、コーチやさらにチームのすべての人間に私の考え方を納得させるかというと、そんなことはありません。以前は私の周りに１００人いたら、１００人を納得させないと気が済まないタイプでした。

ですがあるときふと気づいたのです。99人が納得して一人だけ納得していないと、その一人に向かって説明しようとするようになります。すなわち残りの99人に私は向いてない、何かを伝えようとしていないことになります。

伝え方を考えるようになってから、全員を納得させることはあきらめました。

納得していない人を納得させようとすると、私をはじめ組織全体が、その人に左右されていることにもなります。

今は納得していない人がいれば、言い方を変えてみるとか、角度を変えるようにしています。納得していない人間の意見は、自分で飲み込み判断するようにしています。

こうすれば、一人に左右されているということではなくなります。なぜなら一人に向いているのではなく、全員に向いているからです。

監督だって楽しんでいる

私は負けることを怖がりません。怖がってもどうしようもないからです。

「勝たなきゃダメ」ではなく「勝つためにやる」。同じようなニュアンスに聞こえるかもしれませんが、私からすればまったくの別物です。「勝たなきゃダメ」が入るとそこには楽しむ要素は減ってしまいます。凄くいい練習をしてきた選手を起用して負けたとしても、悔いはない。負けたとしても、次につながる負けならばそれは「点の負け」にすぎません。「線の負け」ではないため、次勝てばいい。そう考えます。

ボールを失わないために何をやっていくか。選手に要求すればするほど、それはすなわち監督である私自身に跳ね返ってきます。次はどんな練習をつくっていくか、どんな伝え方にすればいいのか。新たな刺激を絶えず与えていくことは私自身楽しくもあり、不安でもあります。それこそ高い集中力を維持しなければなりません。

この練習、この伝え方をやっていけばチームがどこに到達できるか、私の中ではある程度見えています。しかしその過程では予期しないことだってあります。それも私にとっては刺激であり、指導者として「伸びる」チャンスなのです。

ただ、うまくいかないとき、欧州のサッカーからもう学ぶ時代ではないと思っているのに、何気なく海外の試合を見ていて自分に腹を立てたこともあります。きっと何か、答えを探していたんでしょう。あわてて「俺、何やってんだ」とすぐにテレビのスイッチを消しました。そういうときは必ずこう考えるようにします。

「選手を信頼してやれ」と。

選手を疑ったら、この仕事はやっていけません。彼らならやれるんだと信頼して送り出す。自分自身、そうしてきたつもりではあるし、選手は実際にうまくなり、成長して、プレースピードも速くなりました。スピードが上がると今度はパス数が減っていく。そうやって変化を繰り返し、選手たちが主体となって主人公になっていく。

不思議なもので、私がニコニコしていたほうが勝率がいい。難しい顔をしていると勝てないので、できるだけニコニコしようとは思っています。まだまだ「かなり怒っていたでしょ」と言われることもあり、人間修行が足りないと思うこともあります。

選手を試合に送り出すまでが監督の仕事の大半であって、試合中の仕事は限られています。

もちろん試合の最中は、選手交代やフォーメーションを変更することもありますが、大観衆の中では言葉で伝えることは難しく、選手に多くを話す時間はありません。だから選手を信頼して、システム変更や選手交代をし、あるいは短い言葉で伝わるようにと、ふだんからトレーニングをしているのです。

試合中、監督の仕事がないほうが強いチームなのですから。

1万1回でも伝え続ける

結局、伝えることも伝えないことも、私からすればすべて何かを選手たちに仕掛けたことに等しいのです。知らん顔をしたほうがいいか、言い続けたほうがいいか、それとも必要最低限の言葉でどう言えばいいのか。四六時中考えているのです。

こう言おうと思って、朝、練習でグラウンドに出てきた選手の表情を見て、動きを見て、言うのはやめたほうがいいかなと思ったときもあります。

伝えたくても、いい言葉が見つからない、あらゆる手を使いながらも伝わらない選手に対してどうしようかと悩んだこともあります。

そんなときに、FMから、

「1万回ダメでも、1万1回目は変わる」

という内容の曲がふと頭に入ってきました。

「そうか、1万1回目で相手に伝わることがあるかもな、もう少し頑張るか」というわけです。

監督室でも自宅でも、食事に行ってもその途中で車を運転していても、結局は私はサッカーのことばかり考えています。「1万1回目」の曲が聞こえて、スッと胸に入ってきたのも、いいものを持っているのにいくら言ってもわからない選手のことをずっと考えていたからでしょう。

コーチ、家族、友人たちと無駄話をしているときも、常に「伝える」ヒントを探しているように思います。

恐竜が出て来る映画を観に行ったときには、3Dのスクリーンの中で走り回っている恐竜たちを自分のチームの選手に重ねて、特長や生かし方などをずっと考えていました。さすがにそのときは職業病かなと思いました。一度サッカーから頭を離そうと思って、映画などを観ても、結局は全部サッカーにつなげてしまう。海外のサッカーや対戦相手の試合を観るよりも、違うテレビや映画を観ていたり、音楽を聴いていたほうが役に立つことが多いかもしれません。まったく違う角度から、大きなヒントやひらめきを得ることがよくあるのです。

試合前の言葉

最後に、私が家のリビングなどでメモに殴り書きしていた言葉をいくつか並べてみます。書くことは、選手に伝えるために自分の頭を整理する作業の一つですので、書いた内容は自分でもよく覚えていません。捨てたつもりだったのですが家族が保存していたものです。

言葉を羅列しますが、言わんとしていることを理解していただけるかと思います。

「すべての試合で5対0を目指せと言ってきた。そして目指してきた全員がここにいる。非日常が日常になった、今日も日常だ」

「ボールを大切に！　相手を動かせ、味方を見て相手を消せ！」

「頭のリミッターをこわせ！　タフになれ！　強くなれ！　もっとうまくなれ！　普通にして楽しめ！」

「勝つためにはタフさが必要！　頭の限界と体の限界は違う。限界を超えようとする頭を持っている人間はどんどん強くなる、頭で止める人間は落ちていく」

「ミッドフィルダーのひとりは目になれ！　声でひとつになれ」

「90分間全員で勝利のためにハードワークしよう！　攻守で攻めよう」

「普通は自信だ。俺たちは持っている。普通にやろう」

「20メートルから30メートルのパスを通すために遊び球で相手を止める　逃げるためではない」

「恐がる必要のある試合はない！　自信と強気が我々の武器だ」

「相手に殴らせるな　先に殴りに行こう」

「自分がやりたいことを何でもできるトラップをしよう」

「うまくなるより強くなれ　もううまくなっているから強くなれ」

「責任・義務なんて生ぬるい。食うか食われるかその戦いを楽しむためにすべてを超越しろ、攻め込み続けるために！」

「目　ピントを合わせろ。レンズの調整　速く正確に。

頭　見えている、見えていないの判断　↓　あずけて見直す
技　止める　蹴る　身体の位置＝見る技術」

「強い選手の心構えは、ヒトを許せて、自分を信じる」

「己に厳しく　そして期待して　人のせい物のせいにはするな」

「反省は大切だが反省するのは未来のため　過去を引きずるためではない」

「空いている場所を探すのではなく人を攻めて空いている場所をつくること　三辺に入れ！

ゴールは真ん中にある　真ん中を攻めろ　空けるべき場所は中央ペナの場所だ！」

ありふれている言葉かもしれませんが、一番「伝わりやすい」言葉は何かを熟考して、言葉は選ぶべきで、かっこいい言葉、新しい言葉などを別に探す必要はありません。

自分を安心させるために選ぶわけでもありません。ただ主役である選手にしっかり伝わればいいと思ってきました。

それは今シーズンも続きます。

おわりに

選手たちに「伝わる」ために、やはり言葉というものは非常に大切だと思います。そしてどう伝えるか（または伝えないか）は、選手一人ひとりに対して違ってきます。

1歩踏み出すことを教えたら3歩まで行く選手もいれば、1歩踏み出した後に違う1歩を言うと先のことを忘れてしまう選手もいる。1歩進んだと思ったら1歩下がってきて、2歩セットで教えなければならない選手もいます。日本語は便利です。外国語よりも語彙が多く、いろんな意味合いを持たせることができます。的確な言葉を用いて的確なタイミングで伝えていければ、立ち止まっていることが長くなっている選手でもいつかはわかってもらえると信じています。

どうやって自分の特長を出して自分の武器をつくっていくことができるか。自分の利益とチームの利益を一致させられれば、自分の可能性もチームの可能性も広げられます。指導者としてはあきらめずに伝えることをやっていくしかありません。どこかに「頭の中」を変える扉があるはずで、いくらノックして開かなくても、もう1回、そしてもう1回とノックし続けていくしかないのです。

何度も言いますが、主役は監督ではありません。あくまでもグラウンドに立つ選手だということ。主役が受け身では主役にはなりません。サポートする人の声を聞き、自分を見つめ、自分で変わっていかなければなりません。そうでなければ「プロフェッショナル」にはなれないと考えます。私は一人でも二人でも「プロフェッショナル」の選手を増やしていき、そして彼らが楽しく打ち込んでサッカーをやってくれることがひいては日本サッカーの将来のためになると考えています。

選手をこうやればこう育つなどという方法論などはありません。選手は人であり、サッカーは生き物であり、毎日の事象は変わります。過去は所詮過去でしかなく、これからの未来のために取り組んでいく、監督の姿勢というものが選手にも伝わります。私自身が監督としてもっともっと高みを目指していかなければならないと日々痛感させられています。

現役時代にドイツでプレーをして、外国で生活をしたことで、真似しなくていいこと、無駄なこともたくさん見てきたつもりです。

日本サッカーが欧州や南米の影響を受けてきた中、私自身はもはや外国から学ぶ時代は終わったと捉えています。日本人指導者だからこそ日本人選手を理解できる、伸ばせるところがあります。気質、文化、体格に違いがある以上、無理に外国に合わせなくてもいい、外の方法論に従わなくていいと思っています。日本サッカーに携わるいろんな方がいろんな経験をしてきて、サッカーにおけるいろんな価値観を打ち出している。これは歓迎すべきことでしょう。

日本は、海外のどの国よりも絶対にうまくなれると私は思っています。グラウンドや指導者の数も多い。それに何より選手たちには吸収力があります。

なぜ、私が個人戦術を高めようとするのか。組織を優先して個を下げてしまうと、その先にパワーは生まれない。だが個がつながって一つになれば、逆にその先のパワーが生まれる。いくら難しい作業であろうとも、私は後者にかけたい。日本人の可能性を信じています。

川崎フロンターレの監督を始めてすぐ、選手たちにこう言ったことがあります。

「俺はすべてのチームに5対0で勝ちに来ただけだ。バルサでもバイエルンでも勝てると思っている」と。

選手たちの考えが小さければ、どんどん広げるようにしなければなりません。「監督は嘘を言ってるんじゃない。本気で言っているんだな」と伝われば、選手たちは自分自身に向かうことになっていきます。

2018年はワールドカップ開催の年。Jリーグの力と代表の力が一つになれば、どちらも素晴らしいということを世界に証明するチャンスではないでしょうか。

名古屋グランパスがチームスローガンに掲げたのは、「攻める ～Go into Action～」。常にゴールを目指し、前に進んでいくこと。そしてサッカーでも、クラブ全体としても、いろんなものに挑戦していくこと。それがこの「攻める」だと思います。

J1昇格プレーオフでは、選手、クラブ、ファン・サポーターが一体になった本当のホームというものを経験することができました。一体となった、あのグラウンドを常に目指して、今シーズンも全員で戦っていきたい。我々でしかつくれない戦いの場で、「どう勝つか」をファン・サポーターと一緒に表現していきたいのです。

そして、そこにお招きする対戦相手のファン・サポーターの皆さんにも、来てよかったと思える雰囲気、サッカーを見せられるよう、努力していきたいと思います。

2018年2月

風間八宏

構成／二宮寿朗

講談社現代新書　2468

伝《つた》わる技術《ぎじゅつ》　力《ちから》を引《ひ》き出《だ》すコミュニケーション

二〇一八年二月二〇日第一刷発行　二〇一八年三月一三日第三刷発行

著者　風間《かざま》八宏《やひろ》　© Yahiro Kazama 2018

発行者　渡瀬昌彦

発行所　株式会社講談社

東京都文京区音羽二丁目一二—二一　郵便番号一一二—八〇〇一

電話　〇三—五三九五—三五二一　編集（現代新書）

〇三—五三九五—四四一五　販売

〇三—五三九五—三六一五　業務

装幀者　中島英樹

印刷所　慶昌堂印刷株式会社

製本所　株式会社国宝社

定価はカバーに表示してあります　Printed in Japan

N.D.C. 783　222p　18cm

ISBN978-4-06-220997-7

「講談社現代新書」の刊行にあたって

教養は万人が身をもって養い創造すべきものであって、一部の専門家の占有物として、ただ一方的に人々の手もとに配布され伝達されうるものではありません。

しかし、不幸にしてわが国の現状では、教養の重要な養いとなるべき書物は、ほとんど講壇からの天下りや単なる解説に終始し、知識技術を真剣に希求する青少年・学生・一般民衆の根本的な疑問や興味は、けっして十分に答えられ、解きほぐされ、手引きされることがありません。万人の内奥から発した真正の教養への芽ばえが、こうして放置され、むなしく滅びさる運命にゆだねられているのです。

このことは、中・高校だけで教育をおわる人々の成長をはばんでいるだけでなく、大学に進んだり、インテリと目されたりする人々の精神力の健康さえもむしばみ、わが国の文化の実質をまことに脆弱なものにしています。単なる博識以上の根強い思索力・判断力、および確かな技術にささえられた教養を必要とする日本の将来にとって、これは真剣に憂慮されなければならない事態であるといわなければなりません。

わたしたちの「講談社現代新書」は、この事態の克服を意図して計画されたものです。これによってわたしたちは、講壇からの天下りでもなく、単なる解説書でもない、もっぱら万人の魂に生ずる初発的かつ根本的な問題をとらえ、掘り起こし、手引きし、しかも最新の知識への展望を万人に確立させる書物を、新しく世の中に送り出したいと念願しています。

わたしたちは、創業以来民衆を対象とする啓蒙の仕事に専心してきた講談社にとって、これこそもっともふさわしい課題であり、伝統ある出版社としての義務でもあると考えているのです。

一九六四年四月　野間省一